ヒトはなぜほほえむのか

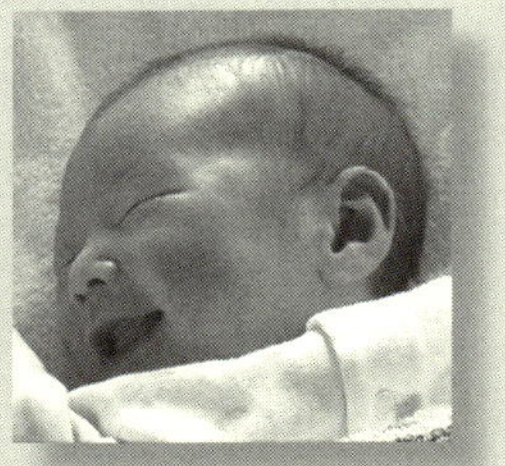

進化と発達にさぐる微笑の起源

川上清文
高井清子
川上文人
著

新曜社

はじめに

世界中で見られる人の心理（情動）表現の中で、たぶん微笑ほど研究者たちの興味を引いてきたものはないでしょう。（ウォルフ、1987[1]）

子どものことにせよ、動物についてにせよ、わかってくればくるほど、われわれの無知の程度が明らかになるだけです。（ティンバーゲン、1974。一部変更[2]）

これから微笑の起源について考えたいと思います。微笑は米国の小児科医ウォルフがいうように、多くの研究者たちによって探究されてきました。でも少なくとも日本では、「笑い」がタイトルについた本は多いけれど、「微笑」がタイトルについたものはあまり見かけません。なぜでしょうか？

また海外に目を向けてみても、笑い（laugh）や微笑（smile）についての論文はたくさん出ていますが、不思議なことに、はっきりと「笑い」と「微笑」を定義しているものはあまりないのです。それはあまりに自明なことなのでしょうか。そうともいえないようです。

本書は4部構成で、第1部においては「微笑」の進化（系統発生）について探究します。第2部では、ヒト（種として考えるときは、カタカナにします）における「微笑」の発達（個体発生）について考察します。第3部では、私たちの研究を要約します。そして第4部で、まとめと、私たちの考えるヒトの微笑の発達図を提示したいと思います。

まず本書では、「微笑」と「笑い」の定義をはっきり示します。そして微笑の起源について、何がわかっていて何がわかっていないのか、明確にしたいと考えています。次に、私たちが明らかにしたことを説明したいと思います。私たちは莫大なプロジェクトを動かしているわけではありません。しかし、子どもたちを観察するだけで、これだけのことがわかるということを多くの方に知っていただきたいのです。その中で科学的に常識とされてきたものを覆《くつがえ》す醍醐味をお伝えしたいと考えます。

微笑の起源を考え続けたら、ヒトは他の動物とどう異なるのかを考えることにつながりました。この点も示しましょう。

ヒトはなぜほほえむのか◆目次

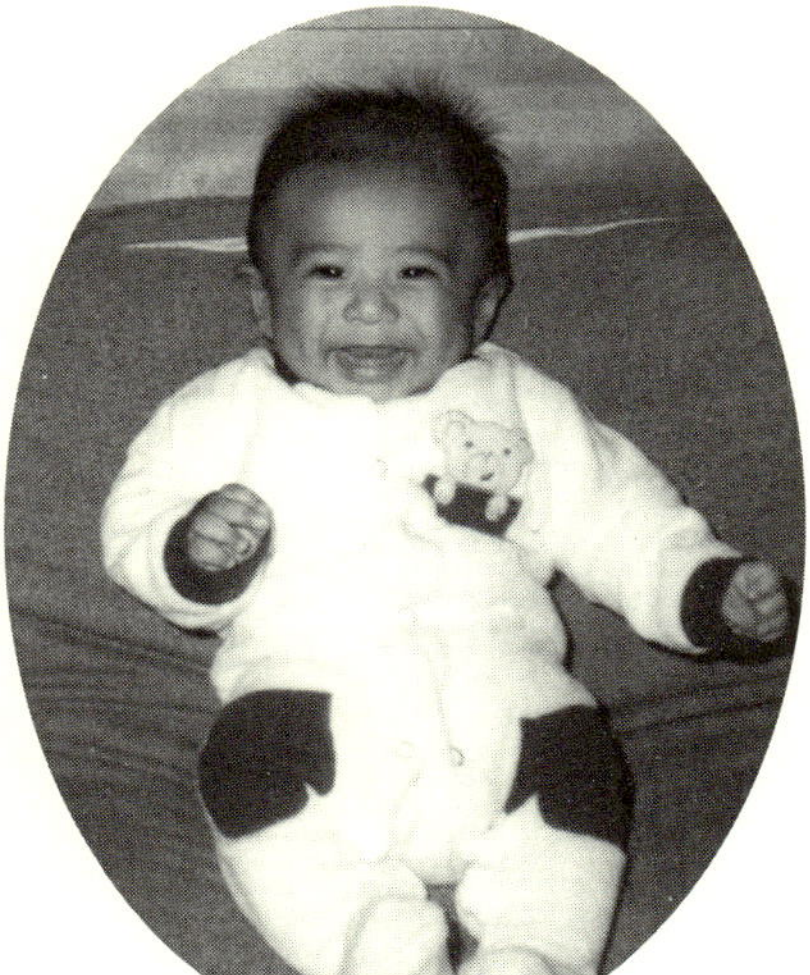

第3部　私たちの研究 …… 97

装幀　臼井新太郎
本文イラスト　小嶋陽子

序文　情動発達の研究について

3人の著者による本書『ヒトはなぜほほえむのか』は、ヒトの子どもの情動研究および情動発達研究に重要な寄与をもたらすでしょう。このテーマは、40年以上にわたって私をひきつけており、微笑の起源の探究が、情動発達理論の全体的枠組みの理解にとりふさわしいことについて、コメントできるのをとてもうれしく思います。

現在生後3か月である私の孫娘ヴィヴィアンが私の顔を見て微笑し、私も微笑をしたとき、私は、彼女の微笑と私のそれが同じであること、これらの微笑をもたらす過程が同じであることと、を想定しないことが重要だと考えています。

準備中の私の著書（『意識と情動的生活の発達』*Consciousness and the Development of Emotional Life*, Guilford 2013）において、私はダーウィンの情動行動様式に対する考えを引用しています。ダーウィンは、微笑のような情動行動様式は、解発因と呼ばれるものに対する進化的に適応した反応だと考えました。これらの解発因と（微笑のような）行動様式との結びつきは、生物の物理的環境に対する進化的適応の結果です。幸福の行動様式の一部である微笑は、顔のような刺激やヒトの声のような社会的事象に結びついていると考えられます。このような微笑の表出には、認知能力はほとんど必要ありません。微笑は解発事象が含まれている社会的環境に影響されます。ある環境は別の環境よりも多くの解発事象をもたらすでしょう。よい育児がなされていると負の解発因が抑えられ、正の解発因が提供されると考えられます。このようにヴィヴィアンの微笑は、進化的に適応した反応の一部なのです。

一方、私の孫娘に対する微笑は進化的に適応した反応というよりも、私の思いによって解発されています。私の顔の筋肉組織は同じ進化過程に影響されていますけれど。私の微笑は「これは私の息子の娘なのだ」とか、「彼女は私の家族の新しいメンバーなのだ」というような思いによって引き起こされます。私の喜びの微笑は、祖父になったという思いや、家族についての思いに対するものなのです。孫娘のような微笑はどのようにして、思いによって引き起こされる微笑になるのでしょうか。私は、子どもたちが2歳の頃に獲得する「（自己）意識」が重要な橋渡しをしているのではないか、と考えています。微笑の意味の変化をもたらすのは、この意識です。このような変化は、系統発生的にも、個体発生的にもおこるのです。

読者であるあなたに、微笑行動に関する丹精込めた研究である本書を推薦できるのは、私にとってこの上ない喜びです。

ニューヨークにて

マイケル・ルイス

マイケル・ルイス（Michael Lewis）　米国ニュージャージー医科歯科大学子どもの発達研究所・所長。世界の発達心理学界のリーダーのひとり。論文に引用されることがフロイトより多いといわれている。

第１部
微笑の進化

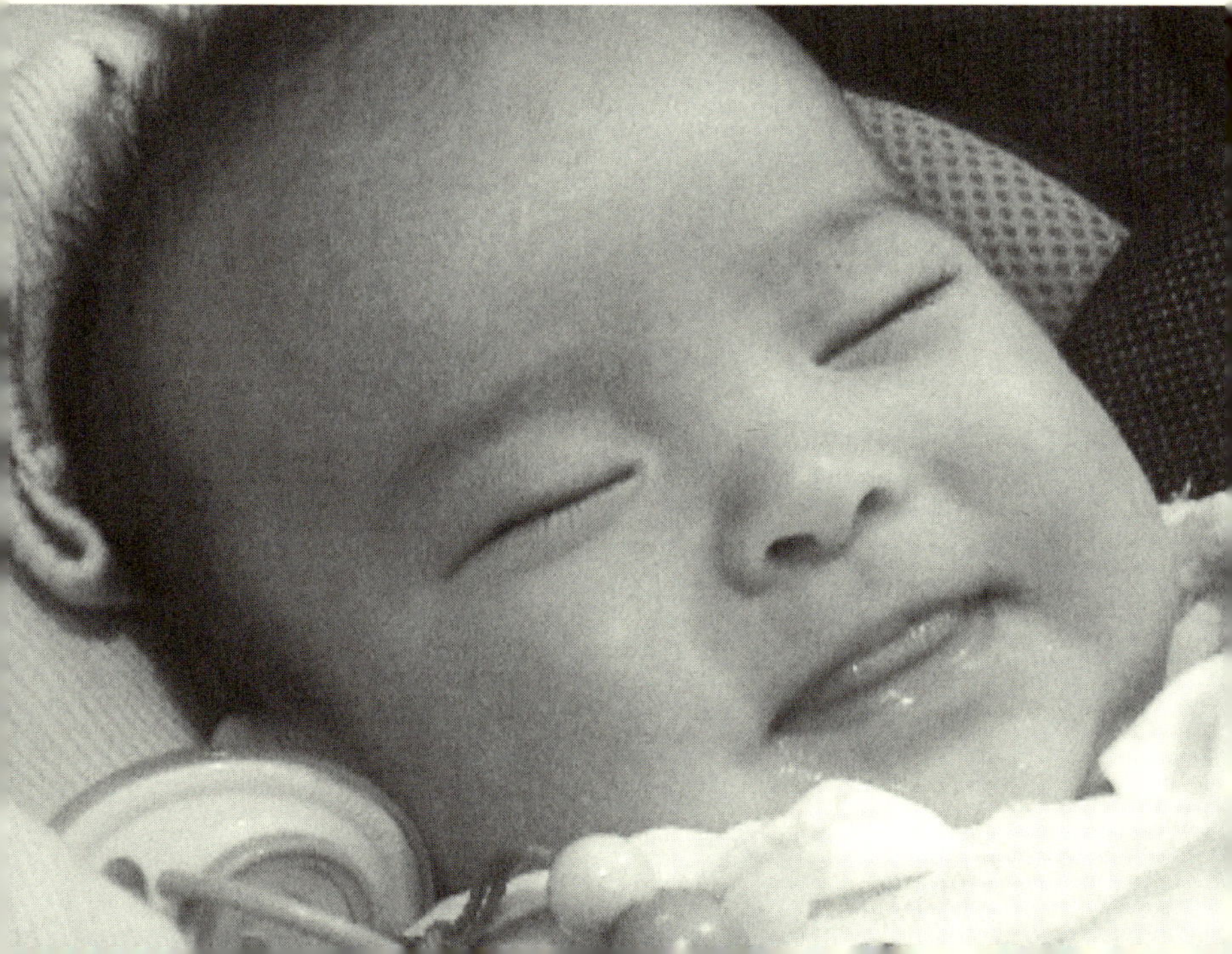

1　育児書に記述された微笑

手始めに手元にある育児書を開いてみました。かつて世界中のお母さんたちが読んだ、『スポック博士の育児書・改訂版』（1976）に「微笑」は次のように書かれています。[1]

「赤ちゃんは早くから微笑します。社会的存在だからです。1か月から2か月の赤ちゃんに話しかけたりすると、赤ちゃんはほほえむでしょう。」（268〜269頁）

索引に「微笑」はありますが「笑い」はありません。

日本の育児書の代表格ともいえる松田道雄の『新版・育児の百科』（1980）はどうでしょうか。[2]

「30日たつと目がすこし見えるような様子がうかがわれ、表情はゆたかになる。目をさましている時間もながくなり、きげんのいい時間がおおくなる。**笑顔**をみせる回数も、日を追ってふえる。……生後２か月になると目がみえてくる。あやせば**笑う**ようになる。」（１１８頁。ゴチックは引用者による。以下同様）

さらに４か月から５か月までのところでは、

「喜怒哀楽を外にあらわせるようになる。気にいらないことがあると大きな声を出して泣く。逆に楽しいことがあると笑い声をたてる。」（２１６頁）

となっています。

今度は「笑い」はありますが、「微笑」「ほほえみ」の索引はありません。

近年出版された毛利と山田の『育育児典・暮らし編』（２００７）では、

「親にとっていちばん嬉《うれ》しいのは、よく笑いだすことでしょう。１カ月のころは、**機嫌《きげん》のいい表情**を見せるだけですが、２カ月を過ぎるころから、あやせば、人の顔を見つめてはっきり**笑い**、身をよじらせるようにもなるでしょう。……これを「３カ月微笑《びしょう》」とか

「社会的微笑」と言いますが、この時期の赤ちゃんが人なつっこい、十分に社会性をもった存在になっていることをよく示すものです。」（98〜99頁）

と記されています[3]。

どの育児書にも、「微笑」や「笑い」の定義はなく、微笑と笑いが区別されていないことがわかります。

本書の筆者（川上と高井）は、育児中に松田書をたびたび手にしていましたが、「30日たつと目がすこし見えるような様子がうかがわれ……」というような箇所は違うな、と思っていました。もちろん未熟だけれども、ピンボケのカメラくらいは見えているというのが、新生児の視覚能力に対する心理学の知見です。それは、すでにこの頃明らかになっていたはずですが、なかなか育児書には採用されないようです。

なお毛利・山田書の冒頭に、

「この本に書かれていることが、すべてとは思わないでください。……とくに医学的な事項などは、いままで常識と思われていたことが、まちがっていたとわかるなどということが、しばしば起こります。……ここに書かれているのは、いまの時点でもっとも真実に近いと思われていること……なのです。」（3頁）

と書かれているのは、科学的姿勢の表れですばらしいと思います。

2　微笑の定義

まず言葉をきちんと定義しましょう。この本では、

●唇の端が上がって、鼻のわきにしわができた形が続くこと

を「微笑」と呼ぶことにします。

もっときちんとした定義が必要ですし、何かおもしろみがない定義ですが、実際の研究結果になると、もう少し具体的になりますので我慢してください。ここでは、顔の形のみに注目し

ています。そのときどのように感じているかは考えていません。すぐあとに出てくる表情評定法（ＭＡＸ）は、こういう顔の形のときは、どのヒトもうれしいというようなことを前提にしています。またたとえ「唇の端が上がって、鼻のわきにしわができた形が続」いても、すべてが微笑とはいえません。出現した状況も判断基準のひとつになります。

では「笑い」はどうかというと、

●「微笑」に「はっはっは」のような声を伴うもの

と定義しておきましょう。

本書の定義では、アルカイック・スマイルという仏像などの微笑や、モナリザの微笑は残念ながら、微笑に入りません。つまり、わずかな口元だけの微笑や一瞬それらしく見えるというものは扱わないということです。繊細な微笑は、美術や文学に譲り、はっきりしたものだけを対象にします。

3　微笑と笑いの進化

3―1　ダーウィンによる考察

「微笑」について初めて科学的に意味ある論文を残したといえるのは、あのダーウィンで、笑いや微笑を、

「音笑や大きな微笑においては両頬及び上唇が著しく上げられるゆえに、鼻は短くなるように見え、鼻梁の皮膚には細かな横じわが寄り、その両側にも斜めに縦じわが刻まれる。」（238頁。漢字・旧かなづかいは適宜現代かなに変更。以下同様）

と定義しています。(4) さすがに明確な記述です。また、

「微笑には、その始めにおいて単一なむしろ強い呼気、または軽微なそう音――音笑の痕跡――はしばしば聞かれるけれども、なんら反復的な音声は発せられない。」（242頁）

としています。[4] 厳密な微笑と笑いの区別はなされていません。

ダーウィンは、論文や研究者の話などを引用しながら、笑いや微笑について考察しています。ダーウィンが引用したデュシャンヌ博士（彼についてはあとでふれます）の微笑は、「デュシャンヌ微笑」と呼ばれ、今でも欧米の研究者たちの基準となっているのです。ダーウィンの記述によれば、

「デュシャンヌ博士は、喜悦の情緒の場合には口は、もっぱら口角を上方及び後方に引くところの大顴骨筋《だいけんこつきん》[5]によってのみ働かされると繰返し主張していられる。」（235頁。ふりがなは引用者）

というものです。[4]

ダーウィンの本には現代からみると差別的表現がたびたび出てきます。しかし、目が見えず、耳も聞こえなかった女性が笑う、すなわち笑うという行動は生得的、ということを指摘したり、笑いと泣きの共通点を分析している点など着眼点の鋭さに驚かされます。さらにダーウィンの

すごさは、きちんと自分の目で観察もしていることです。彼は、微笑が笑いに発展していくと考えました。生後45日の自分の子が微笑したのを観察し、しばらくして鼻声を伴った音笑を記録しています。

ダーウィンからエクマン、イザードへ

現代の「微笑」や「笑い」の定義ですが、前者については米国の心理学者エクマンが自らの研究で微笑を定義（次に示すＡＵ12。エクマンは、そのときの情動は考えない。ＡＵはAction Unitの頭文字）し、イザードという米国の心理学者も彼らが作った表情評定法で定義（次に示すCode52）しています。しかし、不思議なことに「微笑」や「笑い」の相違についてきちんと述べられていません（さすがにこの分野の第一人者エクマンは、笑いを「声を伴ったコミュニケーションの手段」と考え、「微笑」は顔だけだが、「笑い」は全身の運動と考えています）[6]。エクマンのＦＡＣＳという評定法とイザードのＭＡＸという表情評定法は、世界中で使われています。どちらの方法でも、

●唇の端が上がって、鼻のわきにしわが寄る状態

（ＦＡＣＳのＡＵ12、ＭＡＸのCode52）が「微笑」の基準です。ＦＡＣＳとＭＡＸについては、このあと説明します。

これらの評定法については、それだけでたくさん本が出ています。残念ながら、日本語で読めるものはほとんどありません。ここではあまり深入りせず、そのような顔の形を「微笑」とする、ということで先に進みましょう。

３－２　「顔の動きの記述法」ＦＡＣＳ

エクマンらが開発したＦＡＣＳ《ファクス》（Facial Action Coding System）は現在心理学の分野で最も広く使われている「顔の動きの記述法」です。その特徴は、顔の動きを顔と情動の結びつきから捉えるのではなく、顔と首の筋肉の動きにのみ注目したという点です。この方法では、筋肉の動きをＡＵという単位で記述していきます。たとえば、ある微笑を言語では「唇の端が少し上がり、ほほえんで見える表情」というように記述するとしたら、ＦＡＣＳではＡＵ12という記号で表します。このように記号化することで、ことばで記述するよりも簡潔に、研究者の間で顔の形の表し方、見方の基準を統一することが可能となります。

ＡＵは顔の筋肉によって引き起こされる、見た目の変化の最も小さな単位であるといえます。このＡＵは、「眉の内側が上がる（ＡＵ１）」、「頬が上がる（ＡＵ７）」、「鼻にしわをよせる（ＡＵ９）」など32種類存在し、それに加えて、ＡＵほど筋肉との関係が特定されていないＡＤ（Action Descriptor「動作記述語」の略）というものが９、視線や頭の向きに関するコードが19、「話す」「そしゃくする」など全体的動きに関するものが９、顔の各部分が見えず、判定できない状況として５つ存在し、それらで人間の顔に関連するすべての動きを記述できるとしています。

ＦＡＣＳで記述できるのは、顔の形の変化についてのみです。これは情動に対応している「表情」とは異なるものであるといえます。よって、ＦＡＣＳ自体は、笑いや、怒り、悲しみの表情とＡＵを結びつけているものではないので、ＦＡＣＳを使用する研究者自身が微笑の定義をするときに、必要なＡＵを決定することになります。それでもある程度の共通見解はあり、多くの研究者がＡＵ12（「唇の端が上がる」）を微笑に必要な動きとしていて、その有無により微笑を判定しています。(7)

エクマンとデュシャンヌ微笑

エクマンは、デュシャンヌ博士について次のように紹介しています。フランスの神経学者だったデュシャンヌ・デ・ブーローニュは、頬の下に位置し口角を引き上げる働きをする大頬骨筋《だいきょうこつきん》を刺激して生ずる「唇だけが上がる微笑」では、幸せそうに見えないことに気づきました。目の周りの筋肉（眼輪筋）も一緒に収縮するとうれしそうに見えるのです。大頬骨筋は意思に従うが、眼輪筋は意思に従わない、とデュシャンヌは考えましたが、エクマンの研究によると、眼輪筋で意図的に動かせないのは一部分のようです(8)。なお、この意思に従うかどうかは、とても定義がむずかしい問題で、本書は「微笑の起源」に迫るのが主題ですので、深入りしないことにします。

ダーウィンに引用されたデュシャンヌ博士に再び光を当てたのがエクマンだったそうで、彼が眼輪筋も含んだ本当に喜んでいるように見えるものをデュシャンヌ微笑と呼ぶことを提唱しているのです。エクマンはさらに、10か月の赤ん坊が知らない人に対して、デュシャンヌでない、社交的な微笑を示すとも述べています。

私たちの研究についてはは、あとで詳しく述べますが、眠りながらの微笑（自発的微笑）で目のまわりまで収縮するようなデュシャンヌ微笑の例が図1(9)（生後10日）、鼻のわきにしわができ

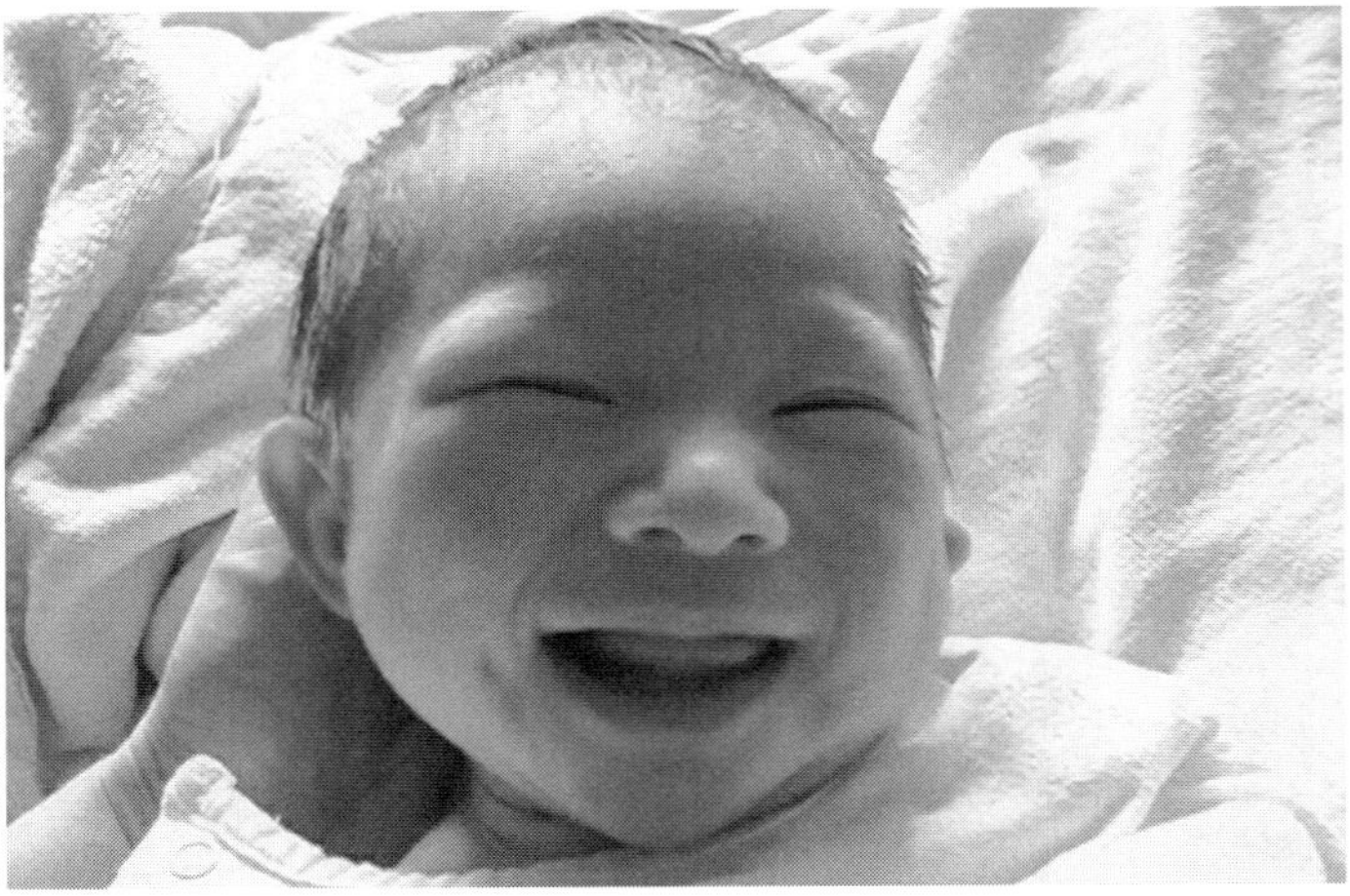

図 1　デュシャンヌ自発的微笑
（高井清子ほか，2008。日本周産期・新生児医学会の転載許可による）

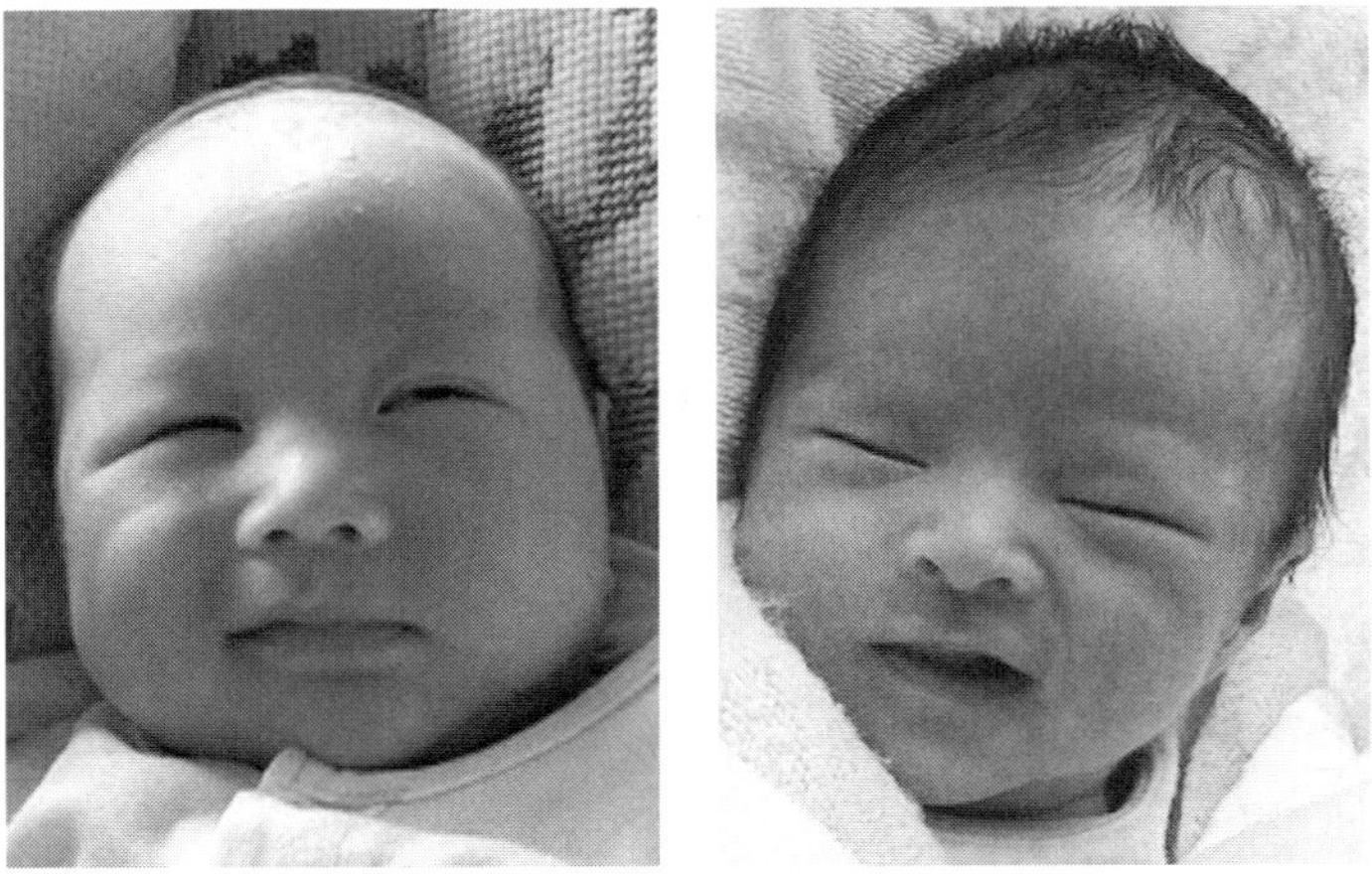

図 2　非デュシャンヌ自発的微笑
（左は高井清子，2005。日本周産期・新生児医学会の転載許可による）
ここでは片頬の写真を例にしましたが、両頬でも非デュシャンヌ微笑になりえます。

るだけの非デュシャンヌ微笑の例が図2です。図2の右は生後9日目の赤ちゃんの写真で、左頬に出ています。図2の左は、生後41日目で右頬に出ています。[10]

3－3　MAX――基本的情動を表情から特定する法

MAXというのは、The maximally discriminative facial movement coding system（日本語にしきれませんが、「表情を最大限に区別できる評定法」ということです）の「最大限に」の最初を取った省略形です。イザードが日本に来たときに、マニュアルとデモ・ビデオを置いていってくれました。

MAXは、興味・喜び・驚き・悲しみ・怒り・嫌悪・軽蔑・恐れ・恥という9つの基本的情動を表情から特定できるというものです。顔を「額や眉」「目や鼻や頬」「口や顎」という3つの部分に分け、それぞれがどういう形かを3か所別々に決めていくのです。基本的情動の中に微笑は含まれていないわけですが、喜びはCode38の「頬上げ」とCode52の「口の端が引っぱられて上がっている」が同時に起こったときと定義されています。[11]

なお、区別がはっきりしない「情動」と「感情」という言葉ですが、

●情動は「喜び・悲しみなど主観が強くゆり動かされた状態」
●感情は「快・不快を基本とした主観的経験をまとめたもの」

と考えることにしましょう。(12)

3−4　動物の微笑——犬やアシカはほほえんでいる？

あなたの愛犬は、ほほえむでしょうか？　『ドッグ・スマイル』(13)という写真集があるくらいですから、そう思っている方も多いことでしょう。南徹弘というニホンザルの研究もしたことがある心理学者も「わが家の犬の微笑」という写真を送ってくれたことがあります。もちろん彼は「そう見えるという程度だけれど」と付け加えていました。犬は顔の構造がヒトと違いますから、同じ物差しは使えませんし（しわができるのか、しわなど見えないなど）、犬がほほえむということを認めている研究者は残念ながら、いないでしょう。(14)

以前、私たちが千葉県鴨川市にある亀田総合病院でスタッフの方々に、微笑について講演をしたときのことです。「微笑する動物はほとんどいません」というと、聞いていた一人の方が「いや、そこのシーワールドに、微笑で有名なアシカがいます」と反論されました。写真を見ると確かに唇の端が上がっています[15]。でも、やはりアシカとヒトとは顔の構造が違いすぎ、アシカがほほえむという研究者も多分いないでしょう。

もちろん顔の構造だけを問題にしているのではなく、認知能力の発達なども考慮した上で、犬やアシカがほほえむことはなさそうだ、ということです。かつて動物行動学者ローレンツが、「進化的にみて同じということ（相同）と、見た目は同じだけれど元は違うということ（相似）を区別しなくてはいけない」といいました[16]。

見た目にまどわされてはいけないのです。また、ローレンツは観察の重要性を指摘しました。本書を通して示されることのひとつも、観察データの重要性だと思います。

3−5　微笑と笑いはどのように進化してきたか

系統発生図

まず、これからの話を進める前に、動物がどのように進化してきたか、簡単に押さえておきましょう。チンパンジーやニホンザルが、どのくらい私たちに近いか理解しておく必要があります。霊長類の系統と分類の図3を見てみましょう。ニホンザルの正式な学術名はマカカ・

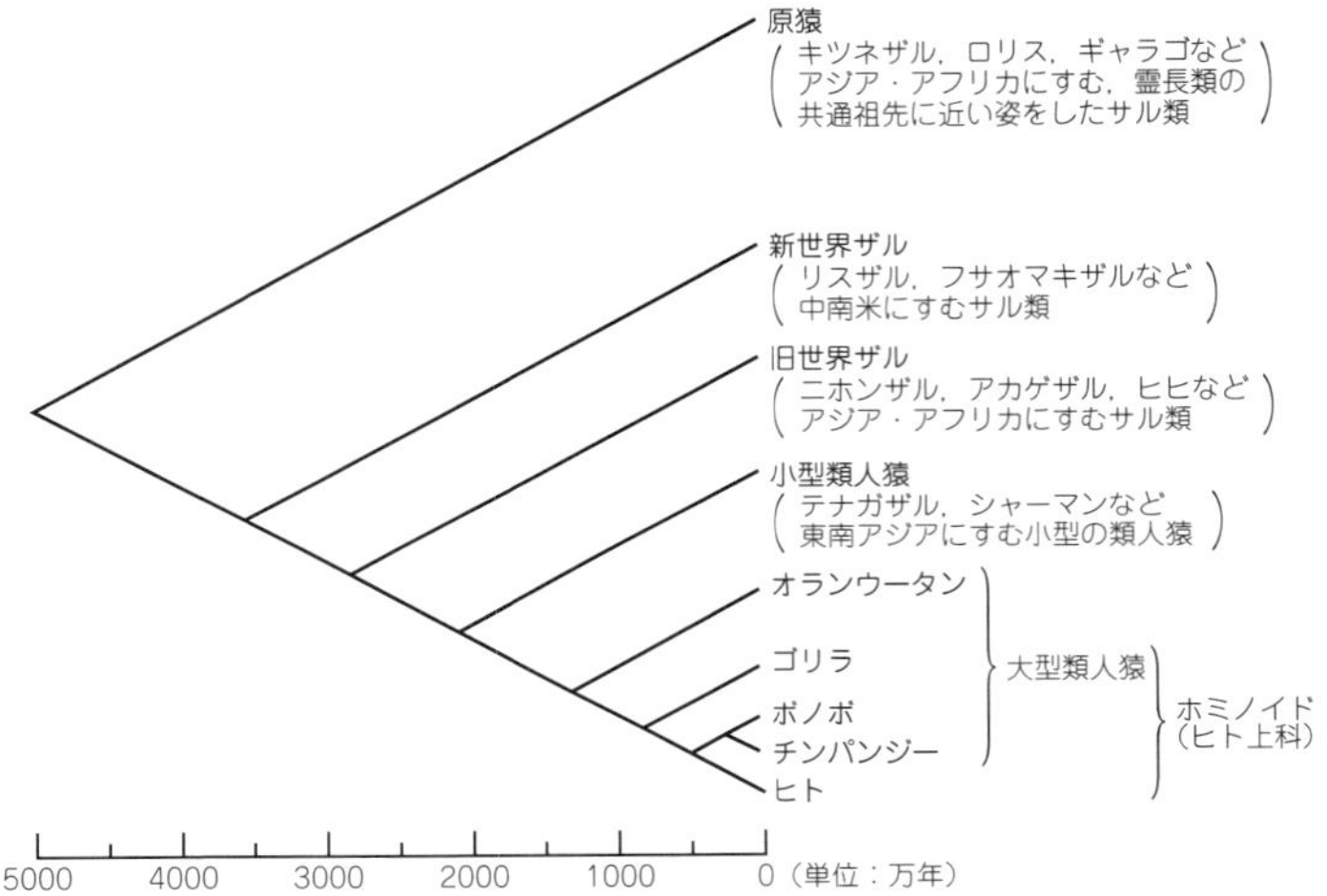

図３　霊長類の系統発生図（松沢，1995/2000 による）

ファスカタ（*Macaca fuscata*）です。マカカ（英語読みではマカク）は旧世界ザルに属しますから、ヒトとは少し離れています。あとでたくさん出てくるチンパンジーはヒトに近いわけです。[17]

チンパンジーの２つの表情

チンパンジーは、遊んでいるときに、「静かな、歯をむき出しにした表情（以下、歯出し表情、とします）」と、「ゆったりと口を開く表情（以下、口開け表情）」を示し、前者がヒトの微笑と、後者がヒトの笑いとつながると考えられてきました。図４が２つの表情を示しています。[18] ま

図4　2つの表情：歯出し表情(左)、口開け表情(右)(van Hooff, 1972による)

ず、この2つの表情が決定的に重要ですから、ここから見ていきましょう。

この2つの表情を分析したファン＝ホーフによると、笑いは以前から、過剰な緊張や興奮のはけ口と考えられてきました［このような考えが、あとに述べるヒトの赤ちゃんの自発的微笑の原因論とつながりそうな気がします］。哲学者カントや精神分析学者フロイトらも、そう考えたようです。でも、次第に喜びの表出と考えられるようになりました。微笑は、笑いの程度が弱いもの、と考える者が多くいました。ファン＝ホーフは、霊長類の表情の観察を続けて、笑いと微笑は違うもの、という結論に到達したのです。私たちの研究については後半に述べますが、ファン＝ホーフの考えに近いといえます。ファン＝ホーフは以下のように主張しています。

ファン＝ホーフの仮説

「歯出し表情」は、声を伴わず、体の動きはなく、相手をじっと見つめながら表出されます。なお、これに似た、有声の表情もあります。それは、危険な状態に追い込まれたときに、多くの動物に出てきます。「歯出し表情」は進化とともに現れてきて、力的に優位な相手への「あなたは強いですよ」行動として出てきます。さらに「歯出し表情」は友好を示す行動として発展していきます[18]。筆者らから見て、ヒト以外の霊長類の世界では、力の強弱という関係が生活を支配していることが印象的です。ヒトの世界でも、もちろんそのようなことがありますが、お年寄りを敬ったり、弱い者を気に懸けたり、力以外のことが生活を支えていることがあります。これも、進化なのでしょう。

「歯出し表情」以外にも、「唇を鳴らす表情」や「歯をガチガチさせる表情」などありますが、前者はヒトのある文化に見られるリズミカルな舌出しとして残っているという考えもあります。いずれにしろ、「歯出し表情」が進化して、ヒトの微笑になったのだろう、とファン＝ホーフは考察しています[18]。

「口開け表情」は「遊び顔」とも呼ばれています。そもそも多くの霊長類に、攻撃的な「にらみ付き口開け表情」が見られます。にらみがなくなった口開け表情には、発声が伴ってきます。「あは　あは　あは」のような。チンパンジーをくすぐると、すぐにこの表情が出てきます。この口開け表情は、私たちの笑いにとても似ているといえます[18]。

ファン＝ホーフは、ほとんど自然状態で飼育されていたチンパンジーたちを観察したのです。その結果、「歯出し表情」は密接な関係で表出されることが多く、「口開け表情」は遊び場面で出てくることが明らかになりました。ファン＝ホーフは、ヒトの表情にも言及していますが、最終的には、図5のような進化仮説を示しています。左の列が「歯出し表情」の流れ、右の列が「口開け表情」の列といえるでしょう[18]。

2つの表情説・支持者

最近、イギリスの研究者たちは、動物園のチンパンジーを観察してファン＝ホーフの説を確認しています[19]。「歯出し表情」のあと、親和行動が増え、「口開け表情」は圧倒的に遊び場面で多く見られました。「口開け表情」のあとにも、親和行動が増えたことから、どちらも社会的絆を作る働きがあると考えられています。そして、「歯出し表情」が微笑に、「口開け表情」が笑いに進化したというファン＝ホーフ説を認めつつ、ヒトでは微笑も笑いもさらに進化をとげた、と結論づけられています。京都大学霊長類研究所の松沢哲郎は、チンパンジーを一人、二

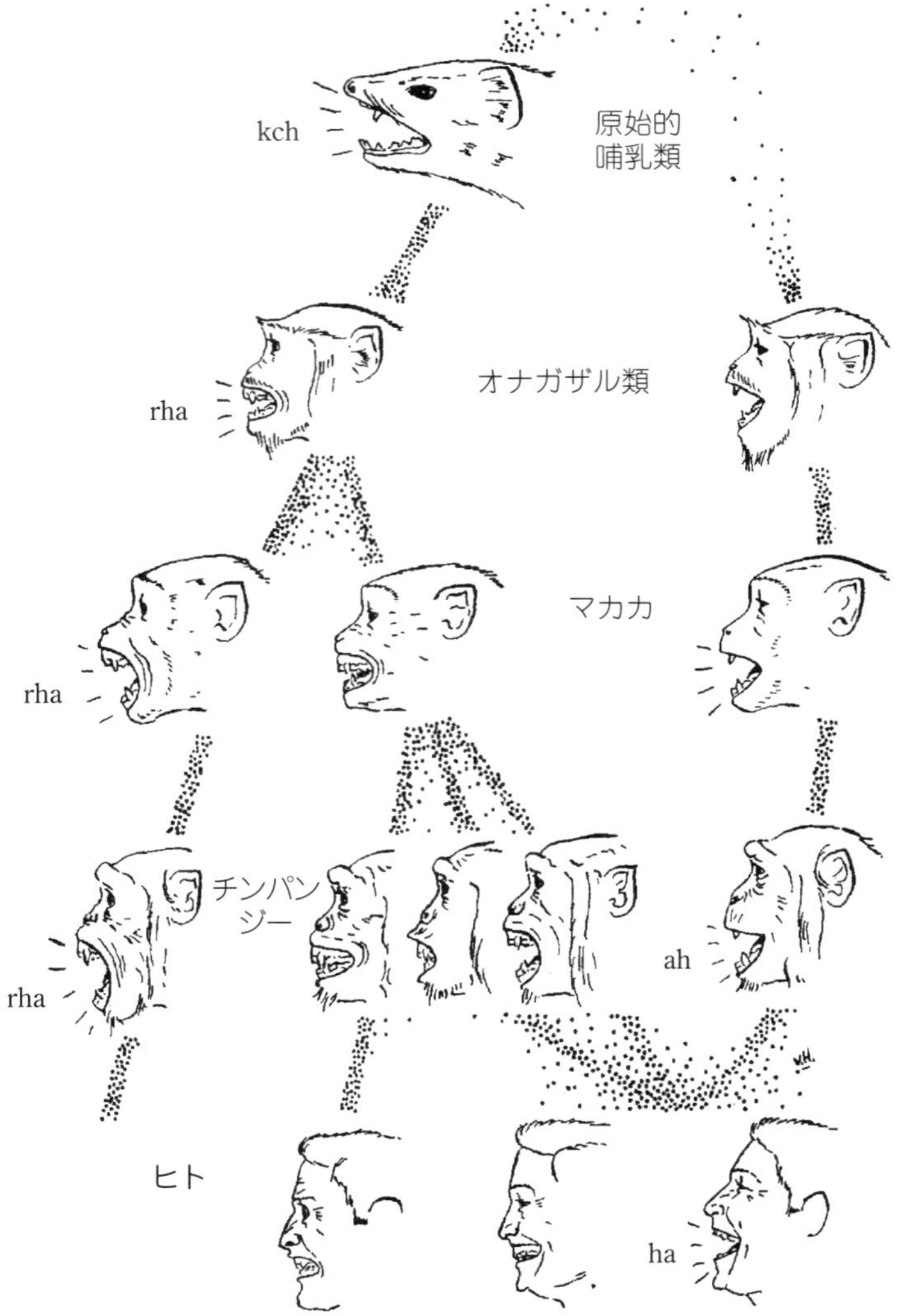

図 5　ファン＝ホーフの仮説（van Hooff, 1972 による）

人と数えます。それだけチンパンジーはヒトに近いということを主張しているわけです[20]。微笑と笑いの進化を考えても、チンパンジーの微笑や笑いはヒトに近いといえます。

「北アフリカザルにおける〝笑い〟と〝微笑〟」という論文を書いたプレウショフトも「口開け表情」は遊び場面で、遊び相手と同時にしていること、それに比べて「歯出し表情」は力が弱い個体が強い相手に発する表情であることを示しました（力が弱い方から強い方へ向けられたものが全体の90％を越えていました）[21]。北アフリカザルは、マカカ属ですから、ニホンザルと同じようなサルと考えていいでしょう。でも厳密にいうと「北アフリカザルにおける笑いと〝微笑に似た表情〟」というタイトルにすべきかもしれません。

プレウショフトは、犬やアシカのところで取り上げた顔の構造の違いが、表情表出に深く関わることに注意を促しています。上唇や顎の骨につながる筋肉がヒトと同じようになっているか、歯が頭蓋骨の下にあるのか、前にあるのか、といった違いの影響です。また、動物たちの社会構造の違いにも気をつけるべきだと述べています。ヒトの場合、チンパンジーたちのように強い者の顔をいつもうかがっている必要がありません。「歯出し表情」も強い者に対するひれふし表情ではなく、うれしさの表情でいいことになります。ヒトは争いが起こらない社会にいるので「これは皮肉でしょうか。争いのない世界があればいいのに」、笑いと微笑の融合もおこっている、というわけです。[22]

「笑ってほほえむ」ヒトとチンパンジー

ここまでのことを簡単にまとめておきましょう。「笑い」と「微笑」のもとは、霊長類にあり、チンパンジーとヒトではそれらが機能している。ヒトは、それらをさらに進化した形で使っている。そういう主張をしているのは、ファン＝ホーフで、その支持者が多い。でも本当に、そのように考えていいのか、他の考えはないのでしょうか。そのようなとき便利なのが、展望論文です。旅行でいうとガイドブックのようなものです。もちろん書く人の視点が入りますが、それまでの、あるテーマの研究論文をまとめてくれています。ここでは、ジャーヴァイスとウィルソンによる論文と松阪による論文を取り上げます。

3―6　展望論文

最初にお断りしておきたいのですが、展望論文といえども微笑や笑いをきちんと定義しているものは、ほとんどありません。また、どちらかというと微笑よりも笑いに関心が向けられ、微笑は添え物程度の扱いです。さらに、微笑や笑いの発達という観点は、本書の後半でご紹介する展望論文（76、86、88頁）以外では期待できません。

デュシャンヌ笑いと非デュシャンヌ笑い

ダーウィンのところで出てきたデュシャンヌ微笑を思い出してください。目の周りまで収縮するような大きな微笑のことです（13頁）。まずジャーヴァイスたちは、デュシャンヌ笑いと非デュシャンヌ笑いというものがあるといいます。前者は刺激により解発（刺激によって引き起こされること）されるもので、後者は自発するものだというのです。不思議なことに、形態には触れていません。[23]

ジャーヴァイスたちは、デュシャンヌ笑いから非デュシャンヌ笑いが出てきたと考えているようです。そして、乳児の笑いはデュシャンヌ笑いと考えているのです（このデュシャンヌと非デュシャンヌの区別は、次の脳との関係で重要になります）。

これから本書で扱うことになる「自発的微笑」や「自発的笑い」は、自発なわけですから、ジャーヴァイスたちの分類にはあてはまりません。乳児の笑いもデュシャンヌだけとはいえそうにありません。簡単ではないのです。

笑う動物はどこまでか？

ジャーヴァイスらによると、笑いは霊長類にのみ見られヒトでは特にそれが複雑化した、という主張があります。それに対して、「いやネズミも笑う」と主張している研究者もいます。ネズミ主義者（？）については、また取り上げることにしましょう。伝染するということで、笑いとともに取り上げられることの多い「あくび」も、ヒトだけに伝染すると主張する者もあれば、大型類人猿にもあると主張する者もあり、話は終わりそうにありません。ただ、ここで結論づけておきたいのは、一部の例外的研究者を除いて、笑うのは大型類人猿だけと考えられている、ということです。まして微笑が見られるのは、ほんの一部の動物だけということです。やはり犬やアシカがほほえむことは、科学的には認められていないということでしょう。アレックスという賢いオウムがいて、その研究だけで一冊の本が成り立っています。[24] 研究者とのやりとりで"I am sorry"と謝ったりしたアレックスですが、情動の索引はありません。笑いに戻りましょう。

言語より先に進化した「笑いと微笑」

ジャーヴァイスらのまとめでは、ヒトの笑いが霊長類の「口開け表情」から進化したと考えると、それは5百万年から7百万年前くらいと予測されています。4百万年くらい前に二足歩行が可能になり、笑いがさらに重要な意味をもつようになりました。表情でのコミュニケーションが容易になったからです。さらに二足歩行は呼吸器官を開放し、言語発達にも関与したと考えられます。笑いの出現は言語の発達より前で、ヒトが言語を使い出したのは2百万年前と想定されています。

微笑が変化して笑いになったと考える人もいます。微笑がより精巧に強力になったのが笑いだ、という考えです。定義さえ明確でないのですから、微笑と笑いの進化の時間関係は、まだ決着がついているわけではありません。なお、展望論文を読むと「自発的微笑（spontaneous smile）」とか「自発的笑い（spontaneous laugh）」というのが出てきます。でも、それらはこの本で使う意味と異なることがあります。ともに「おとなが目覚めている状態で無意図的に」出るという意味で、本書で扱う「眠りながら」のものとは異なります。混乱することがあるかもしれませんが、あとできちんと説明します。

ファン＝ホーフ説の課題

松阪の展望論文(25)は、もちろん日本語で読むことができます。松阪自身がチンパンジーの観察をしていることも重要です。松阪によると、ファン＝ホーフ説にも課題があります。まず「歯出し表情」が友好的なものとは限らないということです。たとえば欲求不満の表情でもありうる。さらに、「歯出し表情」や「口開け表情」以外の行動を笑いの起源と考える研究者たちもいるそうです。食べ物が見つかったときなどに群れの仲間たちと鳴き交わされるパント・フートという発声が、笑いの起源だと考えているとのこと。話は単純ではありません。

もうひとつ、ジャーヴァイスらの展望論文で出てきた二足歩行がヒトの笑いや言語獲得に貢献したという考えですが、これにも松阪は疑問を投げかけています。チンパンジーは、多彩な音声レパートリーをもっていて、二足歩行により呼吸が自由になったことが言語獲得などとは関連していない、ということです。

3－7　笑いと脳

脳のことは触れないわけにいかないのですが、触れたくないことでもあります（？）。なぜなら、脳をもち出すと、まだわかっていないことをわかったような錯覚に陥る危険があると、私たちは考えるからです。あまりわかった気にならず、「そういうことがいわれているんだ」くらいに捉えておきましょう。

伝染する笑い

ジャーヴァイスたちの展望論文によると、デュシャンヌ笑いは脳の皮質下の部位や脳幹（brainstem：間脳・中脳・橋および延髄をさす）が関わっていて、非デュシャンヌ笑いには脳の「補足運動野」というところが最も関わっているといえそうです（脳の図解は、図6参照）。補足運動野（図7参照）は、笑っているときも、笑いを見聞きしているときも、活性化します。また、この部位は模倣とも関連しています。そして、模倣と関連していることは、笑いの伝染ともつながります。笑いの伝染とは、一人が笑うと他の人も笑う、ことです。ジャーヴァイスたちは、これを脳のミラー・システムと呼んでいます。いわゆるミラーニューロンの関連です。ミラーニューロンというのは、他者がしているのを見ただけで、こちらの脳も活性化するというニューロン（神経細胞）のことです（厳密にはミラーニューロンは、前運動野にあります）[26]。ジャーヴァイスたちは、さらに踏み込んで、「他者の心を読む」脳の部位にまで話を広げていますが、私たちは、このあたりで留まりましょう。

微笑と脳の関係

微笑と脳の関係はどうなのだ、という声が聞こえて来そうな気がします。私たちが知る限り、微笑と脳の関係は、ほとんど議論されません。きちんと定義されていないという問題もありますが、筆者のひとり（川上文人）の幼児の笑いデータに、議論されない理由のヒントが隠されているかもしれません。幼児になると微笑と笑いは渾然一体で、区別が困難になってきます。

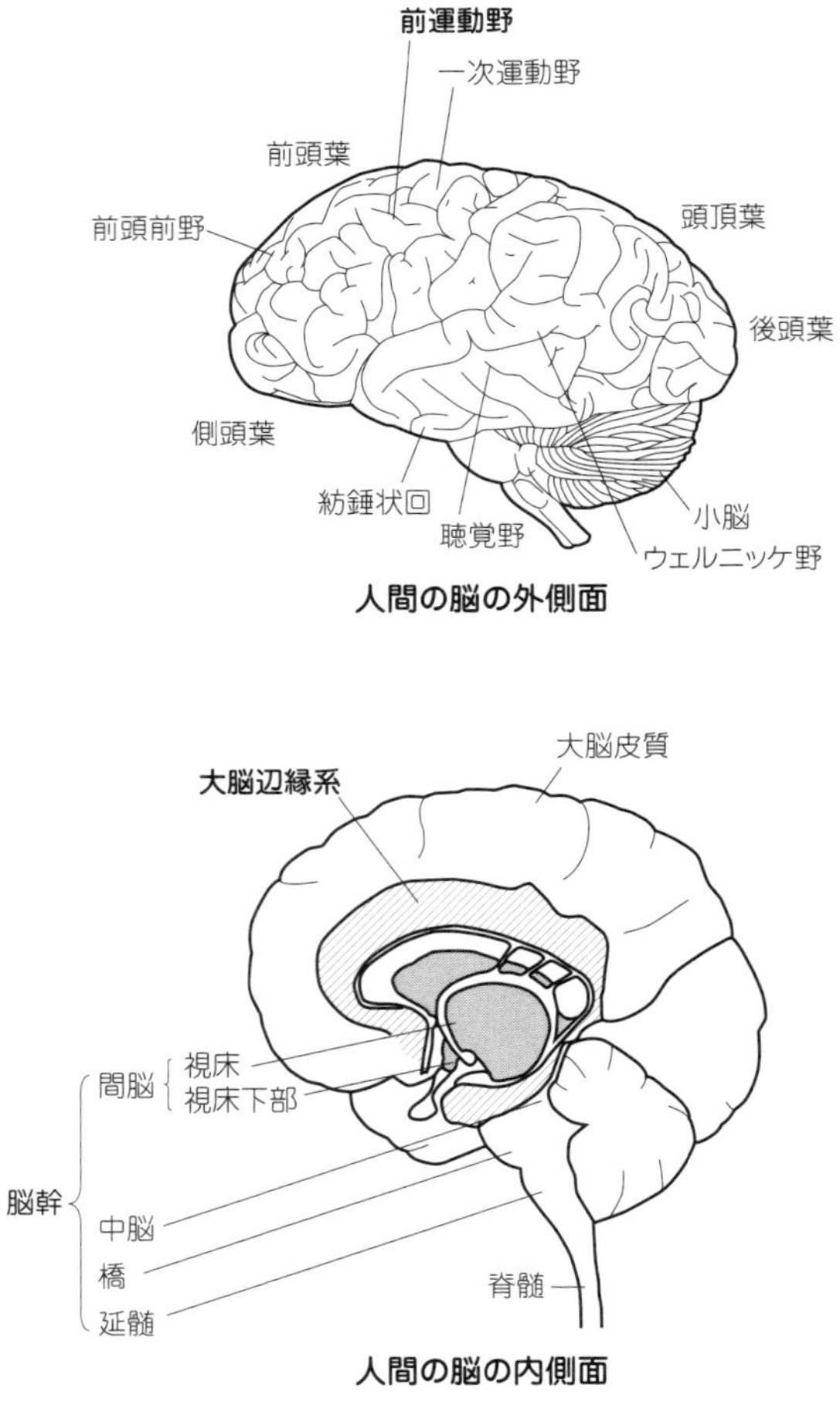

図 6　ヒトの脳図解（安西，2011 をもとに作成）

微笑と笑いについて、はっきりアプローチできるのは、乳児研究者の特権？なのかもしれません。なお、幼児の笑いについては本書のテーマから発展しますので、次の機会に触れることにしたいと思います。

後半で私たちのヒト乳児の研究を紹介しますが、それを読んだというドイツの精神医学者ウィルドから、自分たちの論文を読んで欲しいと論文が添付され、そして今後の研究についても教えて欲しいというメールが来ました。電子メールで、世界の学界はつながっているわけです。そのウィルドの論文は、笑いとユーモアについての脳生理学的な展望論文でした。笑いについての研究は、精神的また器質的に問題をもった人たちに対する医学的アプローチに基づいていることがわかります。そして多くの研究がなされているが、わからないことが多いと述べられています。それは「笑いは複雑なものなのだ」ということばに象徴されています。そして彼らは笑いを司っているのは、脳幹だろう、とまとめています。ウィルドたちは、どちらかというとデュシャンヌ笑い的なものに関心があるわけです。

ウィルドらの論文にＢＢＣ制作のビデオが紹介されています。脳の手術を受けた人が脳の一部を刺激されるとおかしくもないのに笑う、という研究が出てくるこのビデオは、翻訳されて日本でも販売されているので、日本語でこの話を聞くことができます。[27]

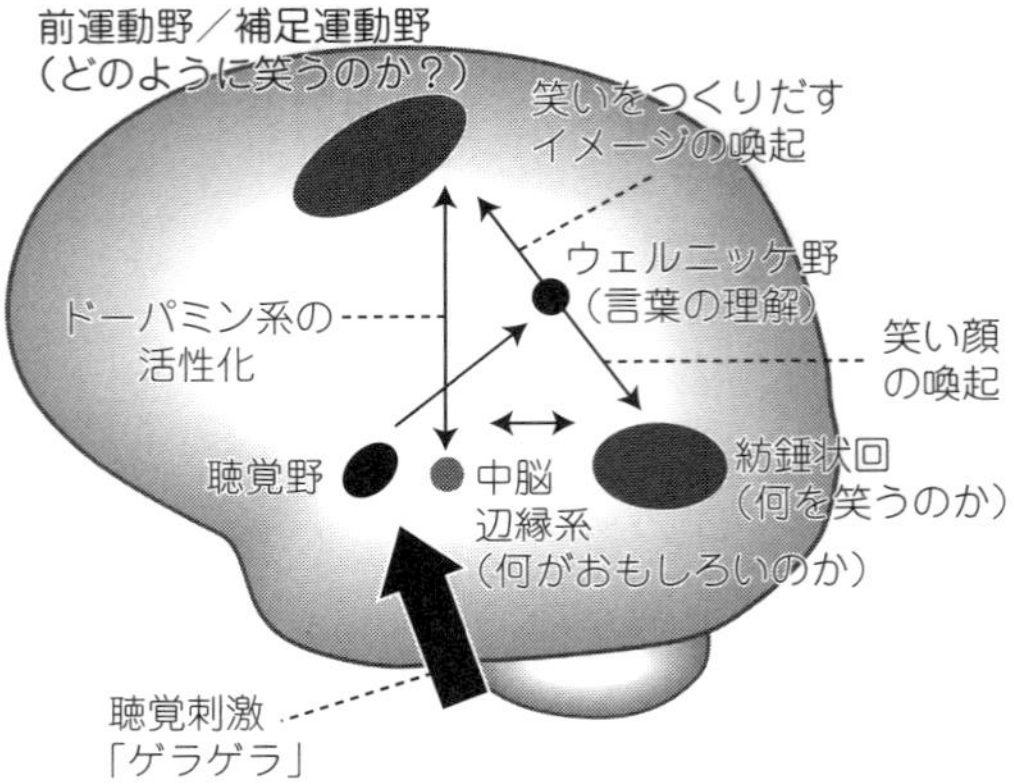

図７　笑いと脳（苧阪，2010をもとに作成）

幸い私たちは、笑いと脳の関係についても、日本語で読むことができます。苧阪直行『笑い脳』という本です。[28] 少し専門的で手強いですが、その中の図は引用させていただけるでしょう。図7の中で、本書のテーマである「微笑の起源」に関わるのは、辺縁系と前運動野／補足運動野だといってよいでしょう。「どのように笑うのか？」「何がおもしろいのか」の内容までは踏み込まないことにしてですが。「言葉の理解」「何を笑うのか」は幼児期以降の問題です。

3―8　笑うネズミ

ネズミも笑うという「ネズミ主義者」についても触れておきましょう。パンクセップは、そもそも生理心理学者で、遊びと笑いの関係の研究などをしています。笑いには認知的な能力は必要ないとして、ネズミをくすぐると50キロヘルツという高周波の笑い声を上げることを示しました（赤ちゃんネズミの場合、不快時は45キロヘルツの発声、おとなネズミの場合の不快時には22キロヘルツの声を出すそうです）[29]。人間の耳が感受できるのは20キロヘルツから20ヘルツといわれていますから、私たちには聞くことができません。彼も、脳幹に問題のある人の笑いや泣きにも言及していて、笑いと泣きは深い関連があること、泣きの方が進化的に先に出てきた可能性があることを指摘しています。ただし、残念ながら、ネズミが笑うことを認める研究者は少ないのです。パンクセップの実験もＢＢＣのビデオで見ることができます[29]。

3―9　ニホンザルの微笑

２００１年11月16日、読売新聞の朝刊一面に、生後11日目のニホンザルの赤ちゃんが眠りながらほほえむ写真（図８）が掲載されました[30]。眠りながらの微笑は「自発的微笑」と呼ばれ、目覚めているときの「微笑」とは区別されます[31]。「自発的微笑」というのは、何かの刺激によるものではないから、こういう名前がついています（「妖精の微笑」というようなロマンティックな名前も同じものを指しています）。「自発的微笑」を「新生児微笑」と呼ぶ人がいますが、これはよくありません。なぜなら、新生児というのは普通、生後１か月までを指します。ヒトの「自発的微笑」については、後半で詳しく述べますが、私たちはそれが生後１年過ぎても続い

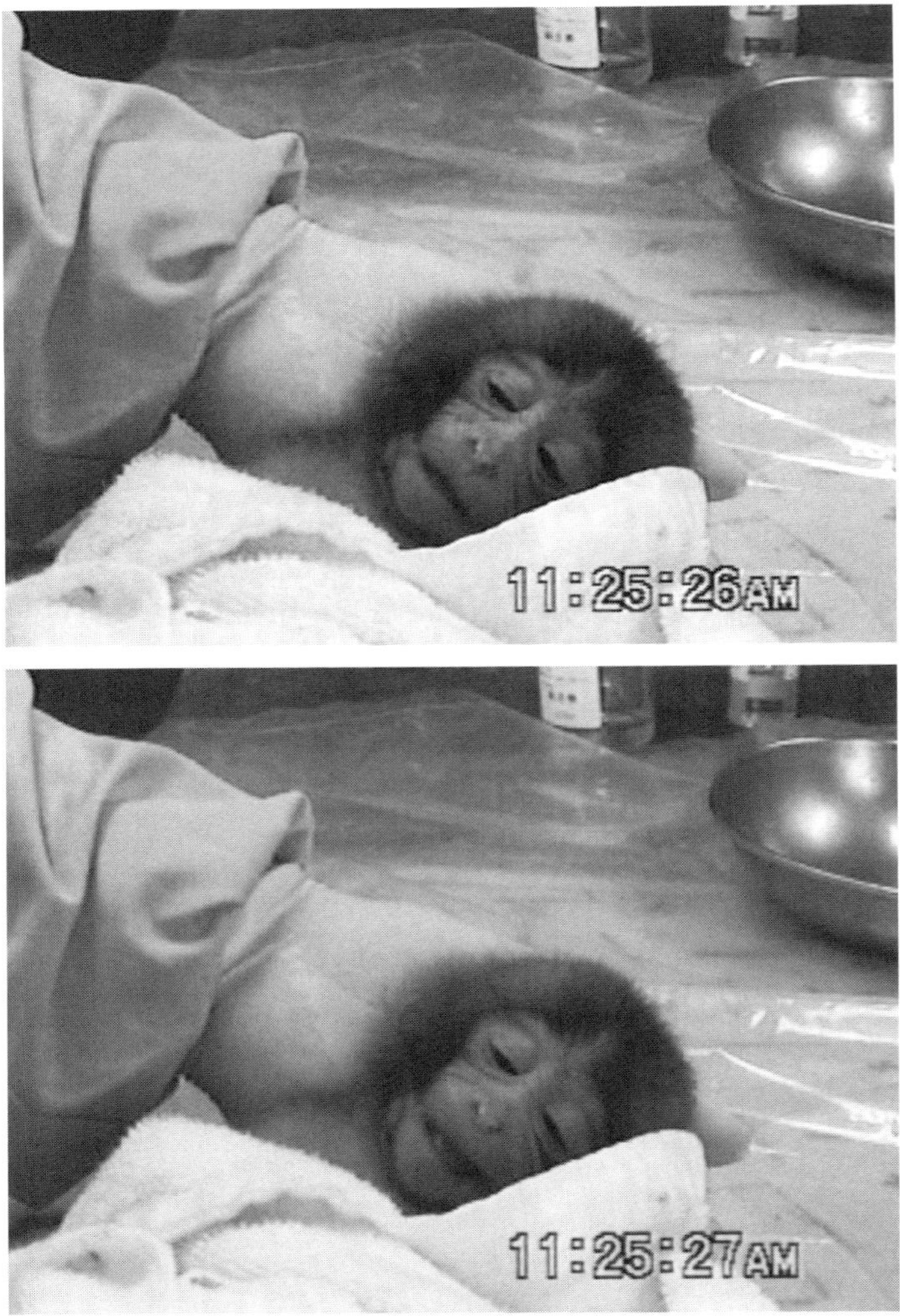

図８　ニホンザルの自発的微笑
（川上文人，2009。人間環境学研究会の許可による。2000 年 6 月 21 日撮影）

ていることを明らかにしました。それではとても「新生児微笑」とはいえないからです。

この写真は、京都大学霊長類研究所で実験中にニホンザルの赤ちゃんが途中で寝てしまい、そのときに撮影されたものです。[32] 発見者は本書の筆者のひとり川上文人、撮影者も本書の筆者のひとり高井清子です。なぜ、この写真が重要かというと、それまで「自発的微笑」はヒトにしかない、といわれてきたからです。その後、霊長研でチンパンジーの赤ちゃんにも「自発的微笑」が確認され、進化的につながったのです。[33] 私たちはストレス緩和の研究をしていたのですが、途中で寝てしまう赤ちゃんがいて、思わぬ副産物に恵まれました。ずっと微笑に興味はあったのですが、私たち筆者3人が本格的に微笑の研究に入るきっかけを作った写真でもあります。なお、ニホンザルはヒトより4倍早く成長します。単純にいうと、生後10日目のニホンザルはヒトでいうと40日ということです。ニホンザルにとっての1秒は、ヒトの時間の流れに直すと4秒に相当するということになります。このあたりも、微笑の継続時間などを考えるとき、注意が必要です。[34]

さらに、これは主観的なのですが、ニホンザルの自発的微笑はうれしそうに見えません。生存競争の厳しさでしょうか。これに関して、後半でも取り上げるハウザーが「ヒト以外の霊長類で、快の情動を表情で示すのはチンパンジーとボノボだけだ」といっています。[35]

マカカは微笑しないというファン＝ホーフらの主張とつなげてみると、ニホンザルは目覚めている状態では「微笑」しないと考えられてきました。それなのに、眠りながら微笑していることがわかったのです。これは、偶然見たのではなく、私たちはその後も何頭ものニホンザルの多くの「自発的微笑」を記録しています。このように、それまで考えられてきたことをデータで否定できるのが科学の醍醐味といえるでしょう。

3―10 チンパンジーの自発的微笑

京都大学霊長類研究所でチンパンジーの赤ちゃんがほぼ同時に、3人生まれました。その3人、アユム、パル、クレオを生後1か月間、平均100時間ずつ記録したところ、アユムとパルの2人に自発的微笑が見られました。表1が覚醒水準（これについて詳細は後述します）ごとの自発的微笑の記録です。呼吸が不規則で身体が動くことの多い、不規則睡眠（REM睡眠と同義。REMは、

表1 週齢ごとの各覚醒水準における自発的微笑の生起回数（水野ほか，2003）

個体名	週齢	覚醒水準 Ⅰ	覚醒水準 Ⅱ	覚醒水準 Ⅲ＋Ⅳ
アユム	0	0	9	0
	1	0	4	0
	2	0	1	0
	3	0	9	0
パル	0	0	3	0
	1	0	5	0
	2	0	9	0
	3	0	7	0
	%	0	100	0

注：クレオでは，自発的微笑の生起は観察されなかった。

Rapid Eye Movement の頭文字で、まぶたの下で目がくるくる動くこと）という状態（覚醒水準Ⅱ）のときにのみ、出現したことがわかります。なお、この論文が掲載された本には、ＣＤ－ＲＯＭがついていて、実際の画像を見ることができます。(33)

3－11　チンパンジーの社会的微笑

社会的微笑というのは相手に対する微笑ということだとしておきましょう。イギリスの霊長類学者で、チンパンジー用のＦＡＣＳも開発しているバードは、いろいろな条件（ヒトが世話している場合でも、いろいろな形態がある）で育っているチンパンジーの赤ちゃんとヒトの赤ちゃんの情動表出を比べてみました。(36)「新生児行動評価尺度」という発達検査のときの比較です。意外なことに、ヒトに世話されているチンパンジーの赤ちゃんの方が、生後30日目（チンパンジーの寿命は40から50年）で、ヒトの赤ちゃんより微笑が多かったのです。母親に世話されているチンパンジーの赤ちゃんでは微笑がほとんど出ませんでした。チンパンジーなどは、ヒトに世話されると普通のチンパンジーには見られない発達がおこることが知られています。またチンパンジーの方がヒトより時間の流れが速いわけです。このようなことが、意外な結果の原因かもしれません。

表2　チンパンジーの情動初発（Bard, 2005）

喜び		怒り		不快	
微笑	11日	狂った顔	21日	ぐずり	3.5日
挨拶	7日	脅し吠え	36日	泣き	5日
笑い	37日	警戒声	19日	泣き顔	14日
				不快顔	17日

表2は、発達検査中の情動の初発をまとめたものです。ただし、バードの定義は私たちとは少し違い、微笑を「ゆったりとした遊び顔」としていて、笑いとの違いは明白ではありません。

3－12　フェイス・トゥ・フェイス

対面のコミュニケーションをするのは、ヒトだけだと考えられてきました。それを否定したのがバードです。彼女は、ヒトでも視線を合わさない集団があるということから、チンパンジーの集団差に注目したのです。その結果、京都大学霊長類研究所の母子の方がアメリカ・ヤーキス研究所の母子よりも、対面コミュニケーションをよくすることを明らかにしました。チンパンジーの行動にも集団差があるのです（チンパンジーにも道具の使い方などに集団差があることが、松沢の著作に紹介されています）[37]。バードは、見つめ合うことが発達に必要だ、という多くの理論に疑問を呈示しています。あとで述べる三者関係では、物を介した見つめ合いが確かに重要です。でもそれだけだろうか、とバードはいいたいのです[36]。見つめ合わない場合、接触が多くなります。接触コミュニケーションの重要性については、私たちの最新の研究でも指摘している点です[38]（123頁参照）。

「対面のコミュニケーションはヒトだけ」説への反証

『マザー・ネイチャー』という知的刺激に富んだ本を世に問うたアメリカの霊長類学者ハーディが、最近の本で、このフェイス・トゥ・フェイスに言及しています[39]。展望論文的意味でご紹介しましょう。ハーディによれば、「対面のコミュニケーションはヒトだけというのは、〝誤った知見（false facts）〟の例」で、誤った知見はなかなか訂正されないのです。本書との関係でいえば、後半に話題にする「ヒトの赤ちゃんは生後4か月くらいから笑う」「自発的微笑は生後2か月くらいで消える」なども、その誤った知見です。

さて、ハーディはバードこそが、そのひとつを打ち破ってくれたといいます。先ほどの、チンパンジーに見られる対面のコミュニケーションです。そのバードの主張の元になったのが、京大霊長類研究所の松沢らのデータだったわけです。松沢らは、チンパンジーの自発的微笑も発見し、社会的微笑が出てくることも示したのです。

この「社会的微笑」という用語もよく使われるのですが、きちんとした定義を見たことがありません。「対人的」くらいの意味でしょうが、何が対人的かも実ははっきりしません。本書の筆者のひとり（川上清文）は、最初から単純な定義をしていて、「社会的微笑」とは「人を見つめながら」の微笑です。赤ちゃんの行動は、「人を見つめながら」の行動と「人を見つめない」行動に分けられる、と考えたのです。それらの研究は、一冊の本にまとめてあります[40]。ただし、この分け方にも限界があり、共同研究者だった金谷有子に「目が見えない子には社会的行動がないということになるのか」と問われ考え込んだことがありました。「社会的微笑」について本書の最後に新しい提言をします。

3−13　微笑と笑いの進化

ニホンザルもヒトと同じように自発的微笑を見せるのに、なぜ普段は微笑を見せないのか、という疑問にはおそらく、ニホンザルはフェイス・トゥ・フェイスでコミュニケーションをとらないためか、快感情を他者に伝達する必要性が小さいため、と答えるしかないでしょう。フェイス・トゥ・フェイスで意思伝達しないことから、表情の重要性は低くなります。そして自分たちの身の安全を保つためには快感情を伝達する必要性よりも、不快さや危険性に関わる感情を伝えることの方が大切と考えられます。ニホンザルにとっては、声や身体全体で、快感情よりもより生存に深く関わる感情を伝えることの方が、進化において適応的、効率的であっ

表3　人間の親子関係の進化的基盤（松沢, 2005）

起源（推定年）	動物分類群	母子関係の特徴	現生種概数
6500万年前	哺乳類	親が子どもに乳を与える	4500
5000万年前	霊長類	子どもが親にしがみつく	200
3000万年前	狭鼻猿類	親が子どもを抱きしめる	80
500万年前	ホミノイド	みつめあう，微笑みあう	2
200万年前	ホモ属人類	物理的に離れ，声をかけ，手足を動かす	1

たのではないでしょうか。反対側から見ると、ヒトは快感情を微笑で伝え、コミュニケーションをすることで飛躍的に生活を変化させていったのかもしれません。

「しがみつき―抱きしめる」から「見つめ合い―ほほえむ」へ

さて、そろそろここまでの話をまとめておきましょう。松沢が親子関係の進化を表3のように示しています。[41] 松沢によると、「見つめ合う・ほほえみ合うというのは、チンパンジーとヒトで進化した。さらにヒトでは、母と子が物理的に離れて生活することになった。この物理的に離れたことが、表情や声や手の動きを介した対面のやりとりの重要性を増したのではないか」、ということです。相手の表情を読み取りながら、声や身振りでコミュニケーションをすることが、ヒトの特徴なのではないか、というのです。サルの仲間に共通する親子関係「しがみつき－抱きしめる」が、ヒトでは「見つめ合い－ほほえむ」となったというのが松沢の主張です。

微笑を考えていくことは、ヒトとは何かを考えていくことだ、という理由はおわかりいただけたと思います。さあ、それではいよいよ、ヒトの微笑・笑いに入っていきましょう。

第2部
微笑の発達

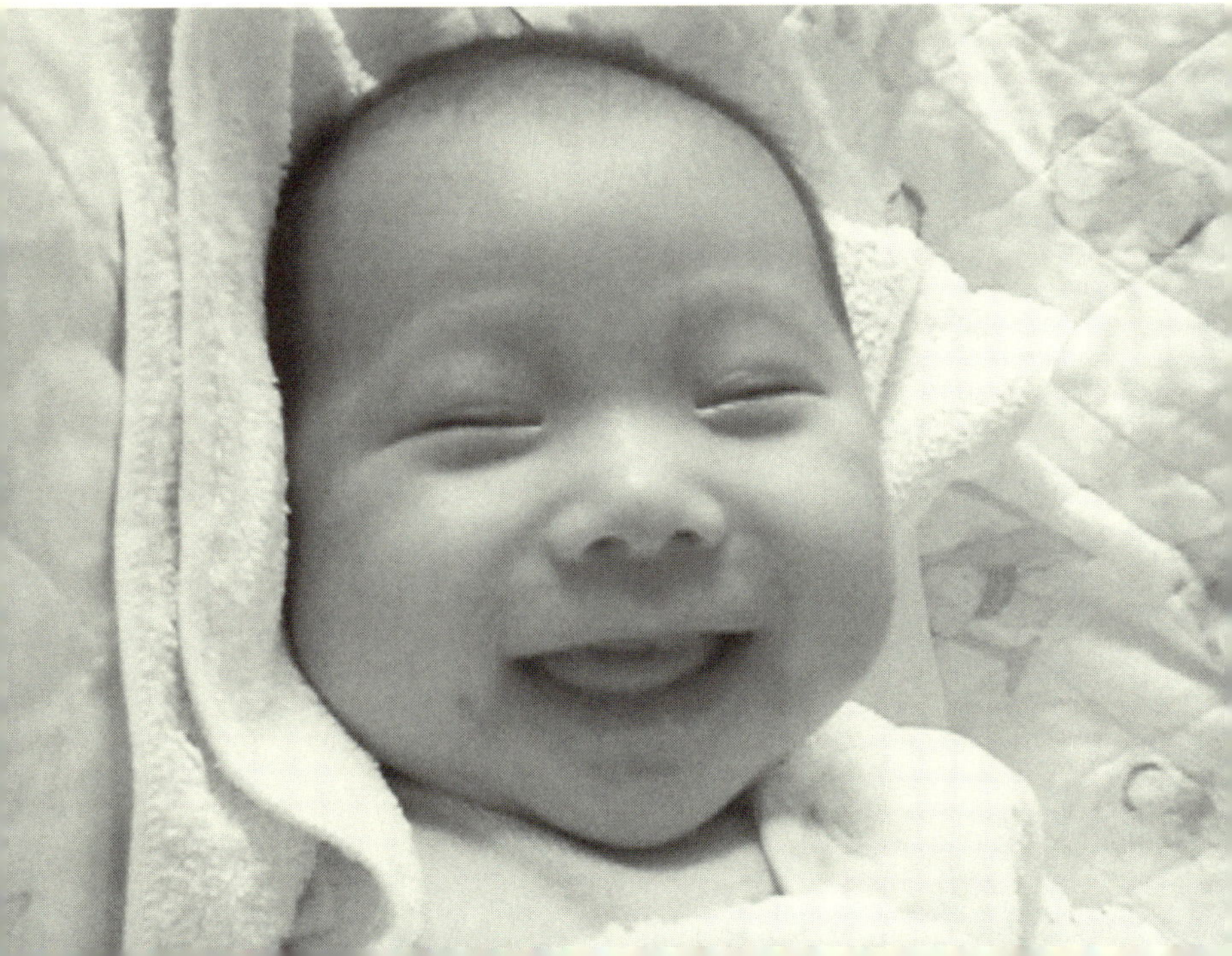

ヒトの微笑と笑い

ここまでもヒトの微笑と笑いに触れなかったわけではありません。しかし、ここからは徹底的にヒトの微笑や笑いの原点について考えていくことにしましょう。ヒトの微笑や笑いについての発達的研究は意外なほど多くありません。まず、赤ちゃんの微笑研究の原点、スピッツの研究から見ていきます。スピッツはフロイトの弟子に当たります。まず、スピッツの人となりを、スピッツの弟子ともいえる丹羽淑子の著書からまとめましょう。(1)

1　スピッツについて

スピッツは１８８７年にウィーンで生まれたのですが、その生まれた部屋は階下でフロイトが神経科医として診療を始めた場所だったといいますから、スピッツの運命は決まっていたようなものです。精神分析医は、先輩医に教育分析というものを受けることになっていますが、フロイトに最初に教育分析を受けたのが彼だったのです。精神分析学では乳幼児期の重要性が強調されていたにもかかわらず、精神分析の対象は「自由連想法」ということが可能になる、つまり言語が使える相手でした。その後、フロイトの娘アンナ・フロイトが児童観察を通して自我防衛の発達を考え、メラニー・クラインが遊技療法によって幼児期の母子関係の研究をしていました。さらに乳児期の直接観察を始めたのがスピッツだったのです。

思考の発達研究や心理検査の開発で知られるビューラー夫妻にも師事したスピッツは、乳児行動の研究に実験心理学的観察法を導入することにしました。観察の信頼性を高めるために、映画記録法を取り入れました。彼の撮影したフィルムは、今も見ることができます。

ナチに追われてアメリカに亡命したスピッツは、ニューヨークでも活躍し、最後にコロラド州デンバーに移りました。そこであとで出てくるエムデや、現在も乳児研究のリーダーであるキャンポスを育てたのです。

2　スピッツの観察的実験

スピッツの論文は１９４６年に出版されました。[2] それまでの主な研究がまとめられています。自発的微笑についても触れています（スピッツは「自発的微笑」という用語を使ってはいません。ただ特定の刺激や状況によらない微笑といっています。また赤ちゃんが眠っているときと限定もしていません。この当時の乳児観からすると、生まれて数か月の乳児は寝ているのが前提で、文面からはそれが読み取れます）。しかし、生後３か月くらいから、刺激に対する微笑が出てくるとして、それは心理的に快な状態で生ずるといえるとしています。英語には「赤ちゃんがほほえんでいるとき、（本当は）お腹がいたい（When the baby smiles it has a bellyache）」ということわざがあるようです。[3] それを否定できるのは、３か月以降だというのです。私たちには自発的微笑も、不快な状態で出るとは考えられませんが、そのうちこれを証明したいと思います。シャルロッテ・ビューラー、ワッシュバーン、カイラという人たちの研究を紹介して、乳児の微笑を引き起こすのは人の顔であること、微笑は生後３か月から６か月くらいに顕著であることなどがわかっているが、まだ解明が不足しているといいます。

スピッツはこれまでの研究で示されてきたことが、対象の子どもを増やしたり、子どもたちの環境を変えたり月齢などを増やしても出てくるか、まず検証したいと考えました。それから微笑を引き起こす条件をもっときちんと押さえたいとも思いました。それによって、微笑というものがもつ意味、情動の発達などを理解したいと考えたのです。

表４が、子どもたちの背景を示しています。これらの子どもたちを様々な月齢で、縦断的（同じ子どもたちを継続的に対象にすること）にも見ました。女性と男性の観察者がまず正面から

微笑したり、うなずきながら顔を呈示し、次に顔をそむけました［現在から考えると、実験条件や方法がきちんとしているとは思えません。でも、現在学会誌に載っている論文がおもしろみのないものが大部分なのを考えると学問の進歩とは何かと考えさせられます］。

表5が結果を表しています。生後2か月から6か月の子どもたちは大部分が微笑しましたが、その前後はほとんど微笑していないことがわかります。子どもたちの環境（劣悪な場合は別ですが）や人種などは影響していませんでした。生後2か月から6か月で微笑しない場合は問題でした。スピッツは論文の最後に、定型的ではない子どもたちの例をあげて考察を深めています。ここではジーンの例を取り上げてみます。

ジーンの母親は愛情深い人でした。ジーンが生後4か月18日のとき検査されましたが、発達は良好で、観察者によくほほえみました。次にちょうど6か月のときに検査すると、様子が変わっていました。観察者を探るような表情で見て、ベッドの上でほとんど動かないのです。観察者が近づくと頭は上げましたが、普通乳児では見られないような深い悲しみの表情を示しました。スピッツたちがほほえみながら近づいても、ジーンは涙を流しながら静かに声もなく泣いたのです。

表4　対象となった子どもたちの環境と人数（Spitz & Wolf, 1946）

人種	場所					計
	保育園	家庭	乳児院	産院	村	
コーカサス系	57	15	21	12	—	105
非コーカサス系	39	—	—	—	—	39
アメリカ原住民系	—	—	48	33	26	107
計	96	15	69	45	26	251

表5　日齢・月齢別の微笑の有無（Spitz & Wolf, 1946）

	日齢・月齢			
	出生～生後20日	21日～2か月	2か月～6か月	6か月～1年
微笑	0	3	142	5
微笑なし	54	141	3	142
計	54	144	145	147

詳しい経緯は記されていませんが、乳児院の主任によると、ジーンの母親はいなくなってしまったのです。スピッツの考察では、ジーンは「喪の反応（mourning reaction）」を示したのであり、「愛の対象（love object）」を失ったことを全身で表していたのです。このような反応は生後半年までは出てこないといいます。ジーンはちょうど、その時期に当たっていたわけで、愛の対象がはっきりするのは、生後半年以降ということになります。「愛」の対象ということば、今なら「アタッチメント」でしょうが、後者は物との関係に使うべきだ「ふつうは「愛着」とは物に対する感情ですから」というのが第1筆者の持論です。喪の反応は、フロイトの「喪の仕事」とつながるわけで、やはりスピッツはフ

ロイトの弟子なのだと実感します[4]。

スピッツは、微笑を引き起こす条件を探るために、乳児たちに能面やハローウィンの面、人の大きさの人形などを見せてみました。正面で、目が2つあり、うなずいているとと微笑を引き起こすことができました。おもちゃや哺乳瓶ではだめでした。

スピッツの仮説

これらの結果からスピッツは、以下のように考えました。「生後3か月くらいになると子どもたちは重要な能力を獲得する。〝自分〟を〝他者〟と区別し始めるということだ。それが生後6か月を過ぎると〝親しい人（友だち）〟と〝知らない人〟を区別する能力に変化する。微笑することはたぶん、最初からできるのだろう。生後2か月を過ぎると、それを社会的状況の中で使えるようになる。微笑は、乳児の対人関係の発達を示す重要な基準だ。」

この論文の最後に、本書の主題につながりそうな記述があります。なぜ動物は微笑しないのか、についてのスピッツの仮説です。動物にも社会関係があり、情動があるのに、なぜ微笑しないのか。顔の筋肉の違いなどだけではないのではないか。たぶん二足歩行し、手が自由に使えるようになったことが大きいのではないか、というのです。今の学会誌などでは、ここまで書くと根拠がないとはねられてしまうでしょうが、昔は大胆な仮説を提示することも可能だったようです。

3　新生児の観察

米国の小児科医ウォルフは、じっくり観察するという方法で、私たちに多くのデータを残してくれました。たとえば、ある論文では4人の新生児を詳しく観察しています。そして、睡眠はどうだったか、視覚刺激や聴覚刺激についてはどう反応したか、感情表現はどうだったか、まとめています。[5]

ここで、新生児の覚醒水準について説明しておきましょう。表6は、各覚醒水準の状態を示しています。[6]新生児は、だんだん目覚めている時間が長くなりますが、その様子が図9からわかります。[7]

ウォルフは「自発的微笑」を、

●ゆっくりした、やさしい、横や上への口の動きで、リズミカルな口の運動や顔の他の筋肉

表 6　新生児のステイト（状態）（Prechtl, 1977 をもとに作成；斎藤, 2011 より）

ステイトⅠ：	閉眼，規則的呼吸，体動なし（深睡眠，規則睡眠）
ステイトⅡ：	閉眼，不規則呼吸，大きな体動なし（浅睡眠，不規則睡眠）
ステイトⅢ：	開眼，粗大運動なし（不活発な覚醒）
ステイトⅣ：	開眼，粗大運動あるも，啼泣なし（活発な覚醒）
ステイトⅤ：	啼泣状態。開眼，閉眼いずれもあり（啼泣）

注：一般的に使用されている睡眠－覚醒の用語を括弧内に付した。

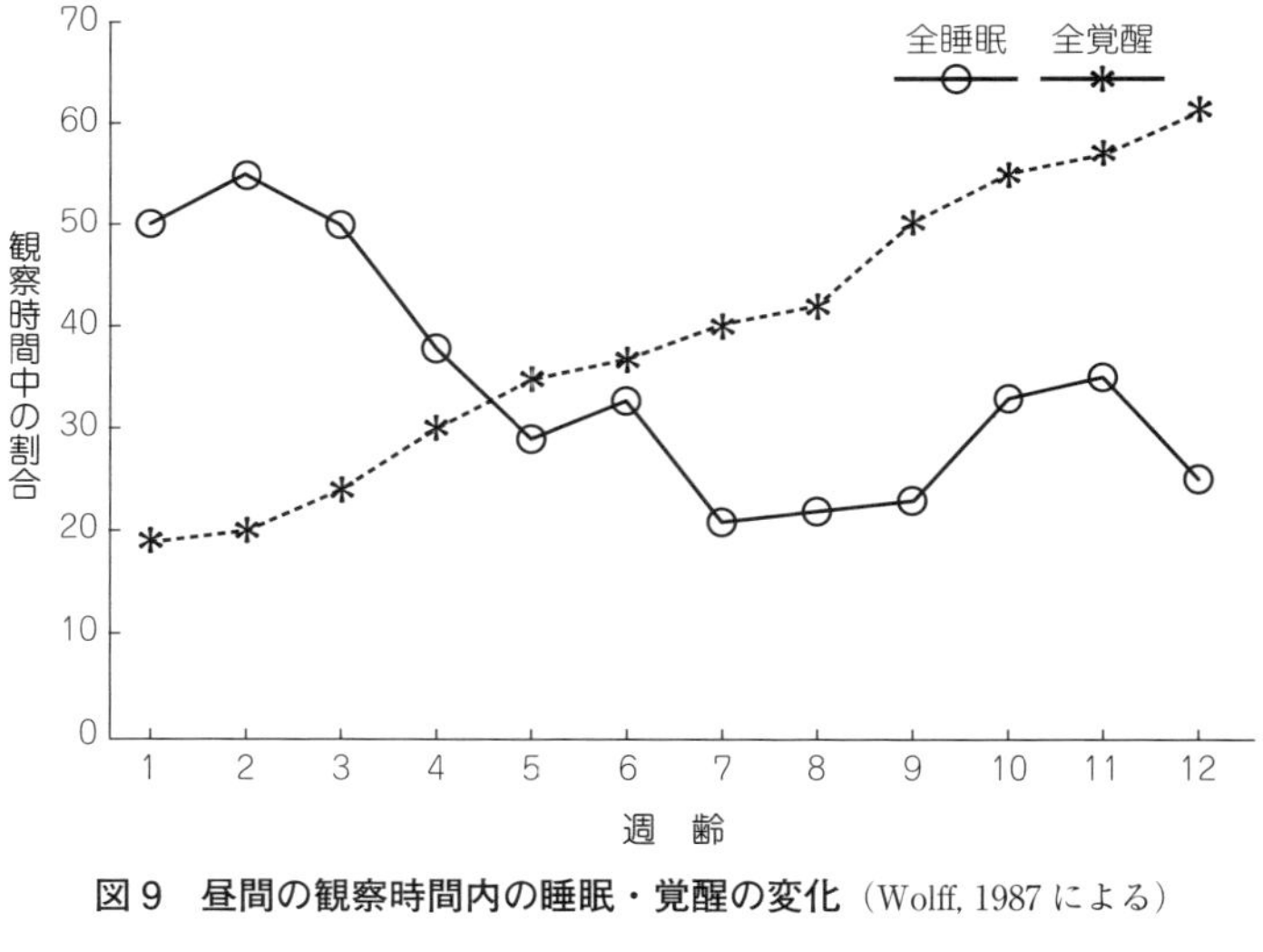

図 9　昼間の観察時間内の睡眠・覚醒の変化（Wolff, 1987 による）

の収縮はない

と定義して、生まれて24時間以降に、４人すべてに、不規則睡眠・まどろみ・覚醒しているが静かなときに観察されたとしています。規則的睡眠や活発に覚醒しているとき、泣いているときは見られませんでした。やさしい接触や音・光に対する微笑（これを解発的微笑としましょう。解発的微笑はあとで述べる島田も観察しています。刺激提示が必要で、すぐ消えてしまうこともあってか、それ以上の研究の進展は見られません）も見られました。

ヒトの微笑の原点を考えていくと、「自発的微笑」になることは明らかです。ただ、この自発的微笑も、まだわからないことが多いのです。

ウォルフによるデータ

ウォルフの（本書の中での）第３論文は、あとで出てくる『乳児行動の決定要因』という本のシリーズに含まれています。(8) このシリーズのおもしろさは、ある研究者が話をして、それを聞いていた人たちとの討論も内容に含まれていることで、このウォルフの論文の討論にはあとで取り上げるアンブローズ、ゲヴィルツを始め、アタッチメントで有名なボウルビーやエインズワースまで出てきます。

この論文では、８人の赤ちゃんを徹底的に家庭で、しかもウォルフ自身が観察した記録が述べられています。なぜ微笑を中心に見たかというと、微笑が出ていれば母子関係がうまくいっていると考えられるからです。第１週から自発的微笑が観察されたこと、それは不規則睡眠やまどろむときに見られ、眠りながらのびっくり反応などが出ると微笑は出ないので、何か溜まったエネルギーの放出と考えています。びっくり反応というのは、むずかしく自発的驚愕様運動、といわれることもあるものです。ビクッとして、空中にしがみつくような運動を指します。解発的微笑も、一度引き起こすと次を起こすには少し時間が必要だと述べています。第２週になると解発的微笑を引き起こすのに有効なのは、高い声になってきます。だんだん微笑が口だけでなく顔全体になってくるとも記述されています。第３週になると、覚醒時にも人の刺激が微笑を引き起こすようになります。これを「社会的微笑」と呼んでいます。声を出しながらうなずく頭が有効です。第４週になると見ている者と視線が合うようになり、この頃から"pat-a-cake"という歌遊びが微笑や笑いを引き起こします。だんだんお母さんの声が他の声と区別されてきます。第５週になると、赤ちゃんとおしゃべりが可能になります。このような基礎的なデータさえ、当時は知られていなかったのです。

観察されていた「生後６か月の自発的微笑」
ウォルフは２５００g以下の低出生体重児の観察もしていて、自発的微笑が見られたが、妊娠30週までは規則性が見られなかったと述べています。(7) ウォルフは、定型発達児では自発的微笑が成長とともに減少していくが、生後６か月でも観察されると述べていますが、この点はあとに続く研究者たちからは考慮されなくなります。

第３論文にもありましたが、ウォルフは、覚醒時の微笑もきちんと記録しています。生後すぐから、人の声に微笑が見られること、生後５週くらいになると、人のうなずいたり、静止した顔が微笑を引き起こすようになること、そして声と顔の一致・不一致の実験（つまりお母さんの顔が見えているのにウォルフが語りかけるような）まで行っています。ウォルフは、微笑と笑いをはっきり区別していて（後者は発声を伴うというもので、私たちの定義と重なります）、前述のように初めは歌遊びなどで笑いが引き出せること、そして次第に認知的な能力が関わるようになるとしています。

ウォルフは、泣きについても研究しています。笑いと泣きについては、ダーウィンを初めとして多くの研究者たちが注目しているわけですが、泣きの研究も進んでいません。最近、ナカヤマが乳児を縦断的に追跡して、「嘘泣き」がいつ頃出てくるかなどを分析しています。(9)「嘘泣き」をするというのは、相手の気持ちを理解しているわけですから、興味深い行動といえます。

4 『乳児行動の決定要因』より

1961～1969年に、フォスの編集した『乳児行動の決定要因』という本のシリーズが刊行されました。その中に、微笑・笑いの発達を考える上で押さえておきたい論文が、いくつか含まれているので、それらを見ていくことにしましょう。前述のウォルフの3番目の論文も、ここに含まれています。これらの論文は書かれたものではなく、研究集会で発表されたものの記録なので厳密さには欠けますが、最後に討論を読むと、当時の関心などが伝わってきます。

4－1 アンブローズの研究

アンブローズの論文は、社会的微笑の実験的観察を扱ったものです。[10] いろいろなことが述べられていますが、ここでは生後6週から36週の、家庭で育っていた4人の乳児と施設で育っていた4人の乳児の微笑の比較を取り上げましょう（研究論文ではありませんので、どのような家庭の子どもであるとか、施設についても詳しいことは記述されていません。子どもたちの情報もあり

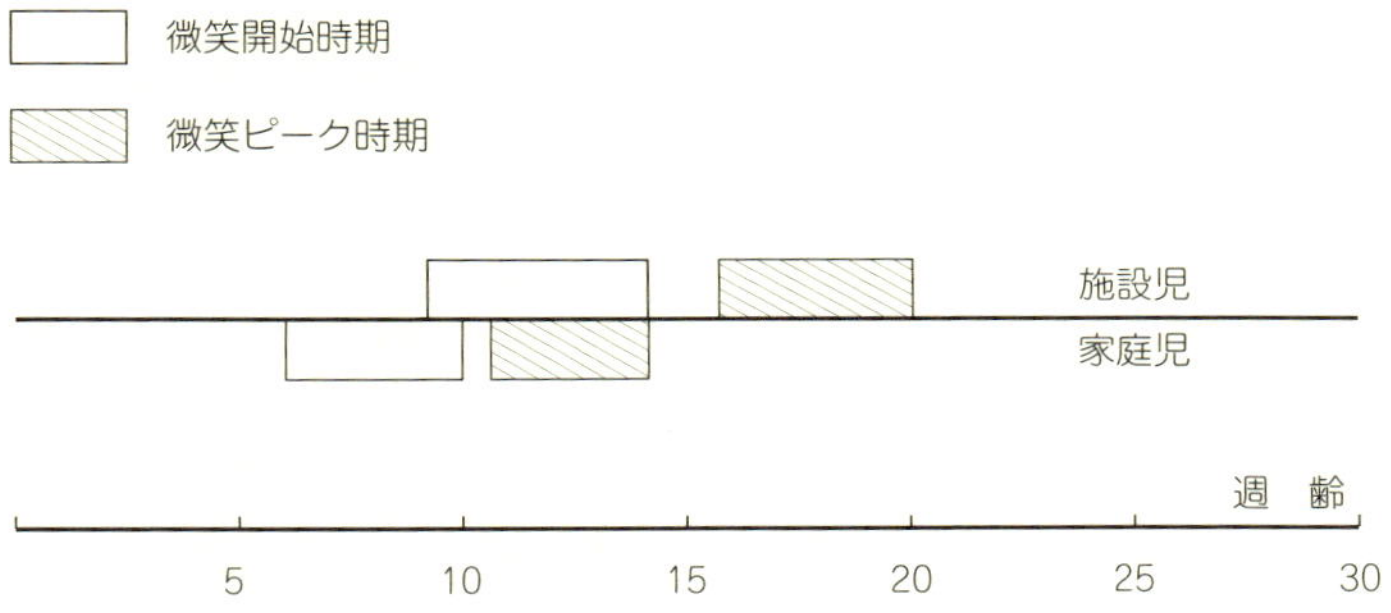

図 10　実験時における施設児と家庭児の微笑（Ambrose, 1961 による）

ません）。図10が微笑の開始時期とピーク時期を示しています。女性の実験者の顔に対する微笑です。微笑の開始時期もピーク時期も家庭児の方が早いことがわかります。

行動が何か報酬を得ると（それを強化といいます）その行動が増える、この過程を条件づけといいます。行動はそのようにして獲得されていくのだ、というのが行動主義で、環境の重要性を強調する傾向があります。１９６０年当時は、行動主義の影響が強く、アンブローズも前述のような家庭と施設の違いを条件づけで説明しています。それだけでなく、発表後の討論もほとんど行動主義的で、時代の流れを感じます。討論の最後には、「施設児が見知らぬ人に微笑を続けるのは、〝変率強化〟のためだ」というようなことまで出てきます。新行動主義の大物、スキナーが発見したことの中に、時々（変率）強化されるとなかなか止められない、ギャンブルなどがその例、というのがあります。そこまでつなげるか、という気がします。

あとで私たちの論文を紹介しますが、第2ケース・スタディは *Infant Behavior and Development* という雑誌に掲載されました。それを読んだ、その雑誌の創刊者リプシットから「微笑の研究は重要だ。残念なのは、あなたたちの論文に、微笑研究で重要な貢献をしたアンブローズの論文が引用されていないこと」というありがたいメールをもらいました。「アンブローズの論文はいくつか参考にしているが、自発的微笑については触れていないので引用していない」とお礼を書きました。(11)

4―2　ゲヴィルツの観察

ゲヴィルツは、イスラエルの4つの異なる環境で育っている子どもたちの社会的微笑を比較しました。(12) ゲヴィルツの論文でも、いかにこの当時行動主義が強い影響力をもっていたかわかる気がします。行動主義の用語がぽんぽん出てくるからです。行動主義というのは、「人の心理を研究するのは複雑過ぎて無理だから、心は捨てて行動だけを見よう」という考えだといえるでしょう。そうなると、「刺激」とそれに対する「反応」が問題です。どのような「刺激」が「反応」を増加させるかが大切です。ゲヴィルツは、微笑も行動主義的に説明しようとします。

生後1か月から18か月までの乳児院（226名）、家庭（91名）、キブツという共同体（236名）で育っている子どもたちと、生後8か月から18か月の保育園（105名）で育っている子どもたちを対象に横断的（縦断的に同じ子どもたちを追跡するのではなく、一人の子は一度だけ対象にすること）実験的に観察しました。研究当時のキブツでは子どもは生まれたときから、ひとりの保育者が4、5人の子どもたちを育てるため、「子どもの家」で暮らしていました。もちろん母親や父親も会いにきますが、同じ家では暮らさなかったのです。対象児たちに、見知らぬ女性が近づき、そのときの子どもたちの微笑が記録されました［基本的にベッドに横になっていた子どもたちに近づいたということですが、生後半年くらいまではいざ知らず、この方法で本当に実験ができたのか不思議な感じがしますが］。

図11が結果を示しています。乳児院の子どもたちよりも家庭やキブツの子どもたちの方が微笑のピークが早いこと、乳児院や保育園の子どもたちはどんどん微笑しなくなるが、家庭やキブツの子どもたちはそれほど減少しないこと、がわかります。微笑のピークが早く来るのは、それまでの経験のせい（家庭やキブツの環境の豊かさ）で、家庭児やキブツ児で微笑の頻度が落ちないのは、実験のやり方（積極的に関わらないなど）や環境（イスラエルの家庭は他人との接触

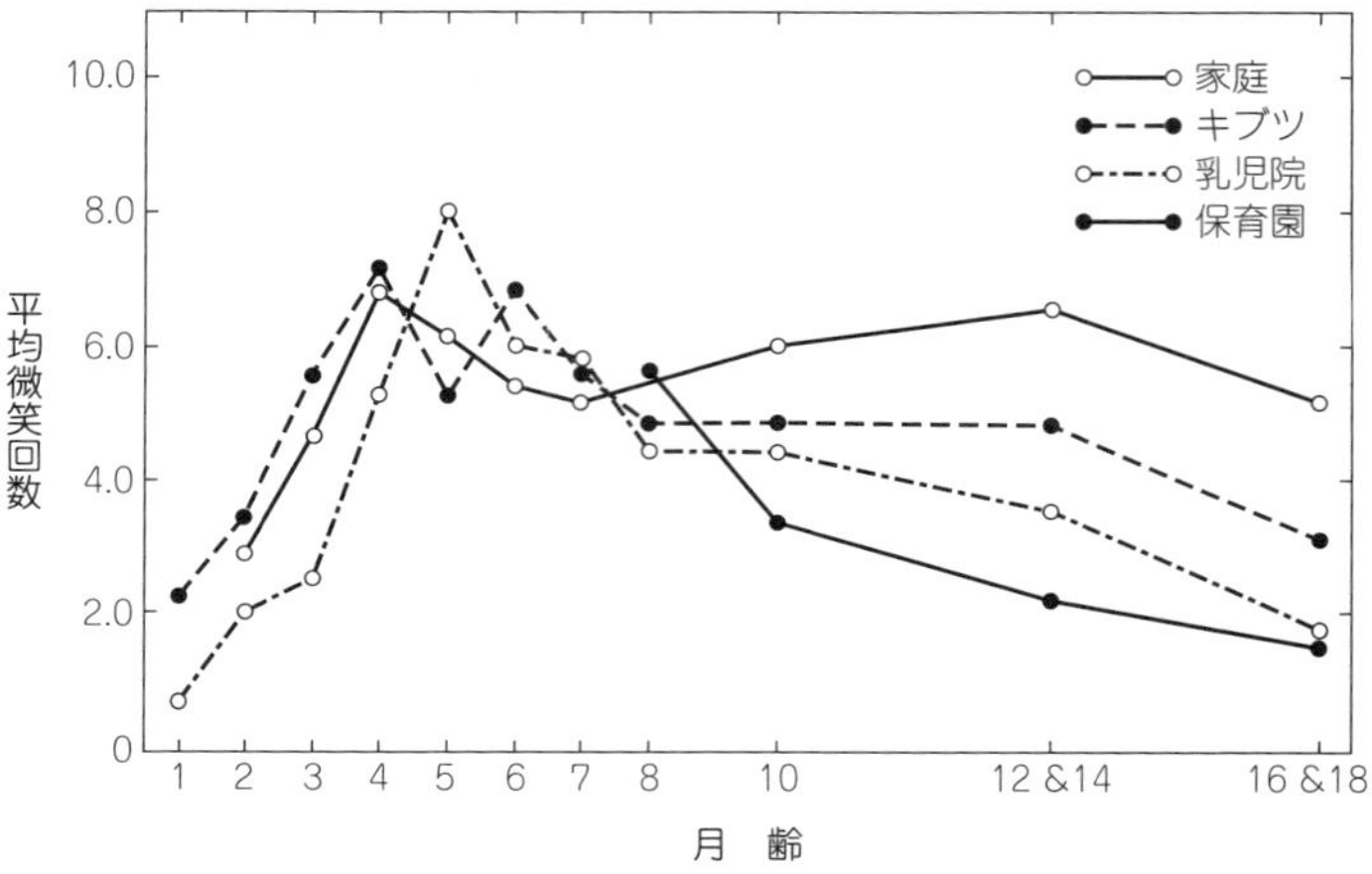

図 11　実験時（2分間）の微笑の出現（Gewirtz, 1965 による）

が多いなど）のせいだろう、と考察しています。行動主義者ですから、生得的要因を考慮に入れず、環境を重視しています。

4―3　遺伝論者・フリードマン

ゲヴィルツと正反対の立場がフリードマンです。彼は9組の一卵性双生児と11組の二卵性双生児を縦断的に観察しました[13]。一卵性双生児は遺伝的にもっているものが同じですが、二卵性双生児は同じではありません。ですから、一卵性と二卵性を比較することで、遺伝の影響を分析するのは、よく取られる方法です。フリードマンは観察の結果、一卵性の方が社会的微笑の初発が一致するとしています。

また、（偶然対象児に含まれていたのだと思われますが）先天的に目が見えない乳児が、目が見える子と同じ時期に社会的微笑を開始したことも明らかにしています。つまり、微笑の発達は生得的要因によるというのです。

フリードマンの発表のあとは、ゲヴィルツをはじめ何人もが、遺伝要因と環境要因がそのように区別できるか、疑問を呈しています。当然でしょう。しかし、フリードマンは、それにもめげず（?）１９７４年の著書でも、１９７９年の著書でも同様の意見を述べています(14)。１９７９年の著書では、自発的微笑（反射的微笑と呼んでいますが）は女児の方が多い、と性差に言及しています。

４－４　１９６０年代の微笑研究

ここまで見てきただけでも、１９６０年代、微笑の研究が割合なされていたことがわかります。まず乳児の微笑について、表出の時期、表出に影響する要因分析などの基礎的なデータが集められたといえるでしょう。その後、あまり研究が進まなかったのは、もう新しいことは出そうもない、と思われたからではないでしょうか。そうとはいえないことを私たちがあとで証明します。もうひとつ、施設児を対象にした研究が多くなされたことも印象的です。これは多分、第二次世界大戦で多くの戦争孤児が残され、スピッツやボウルビーなどが子どもたちの発達研究に関わったことが影響しているでしょう。施設病（ホスピタリズム）といわれた、施設で育つ子どもたちの問題です。スピッツらのおかげで、施設の対人的環境は改善され、今、施設病という言葉はほとんど使われなくなりました。

スピッツの施設病に関する論文を要約して丹羽が紹介しています[15]。乳児院と、母親が刑務所に入っている子どもたちの保育園で研究が行われました。乳児院は子ども7人に保育者1人という状況、刑務所内保育園では子どもの世話は母親がしていました。乳児院の子どもたちの発達は著しく遅れました。一方、保育園の子どもたちには、それほどの遅れは見出せませんでした。1940年代の施設はあまりにも恵まれていなかったのです。

細かいことですが、1960年代は微笑（smile）だけでは使われず、微笑反応（smiling response）といわれていたことがわかります。これは、乳児観の反映でしょう。さらに、乳児の代名詞も、彼（he）や彼の（his）など男性形です。

5　笑いの発達

スルーフらの「いないいないばあ」研究

最近の微笑研究に入る前に、初期の研究者たちとの中間に位置し、その後はアタッチメント研究で著名なスルーフらの笑いの研究を紹介します。[16] 研究法も中間的で、笑いの定義も明確ではなく、引用されている研究も古典的です。スルーフらの研究は3つから成り立っています。ひとつは、学部学生が家庭訪問して、母親に「いないいないばあ」など決められたことをしてもらい、そのときの乳児の笑いを記録したのです。あとで、スルーフの展望論文をご紹介しますが、スルーフは、生後4か月以降にしか笑わない、という立場なので、4か月から12か月の乳児が対象です。社会的刺激（いないいないばあ、など）や視覚刺激（おもちゃが隠れる、など）は、予想された通りですが、聴覚刺激（ぶーんぶーんぶーん、などの音）や触覚刺激（お腹にキスする、など）も、月齢が大きくなるほど笑いを誘いました。2つ目と3つ目の研究では、もう少し組織的で、一部では縦断的な観察がなされました。図12が縦断データを示しています。スルーフらは、認知的能力の発達が結果に表れている、と考えています。象徴的なのは、後半の

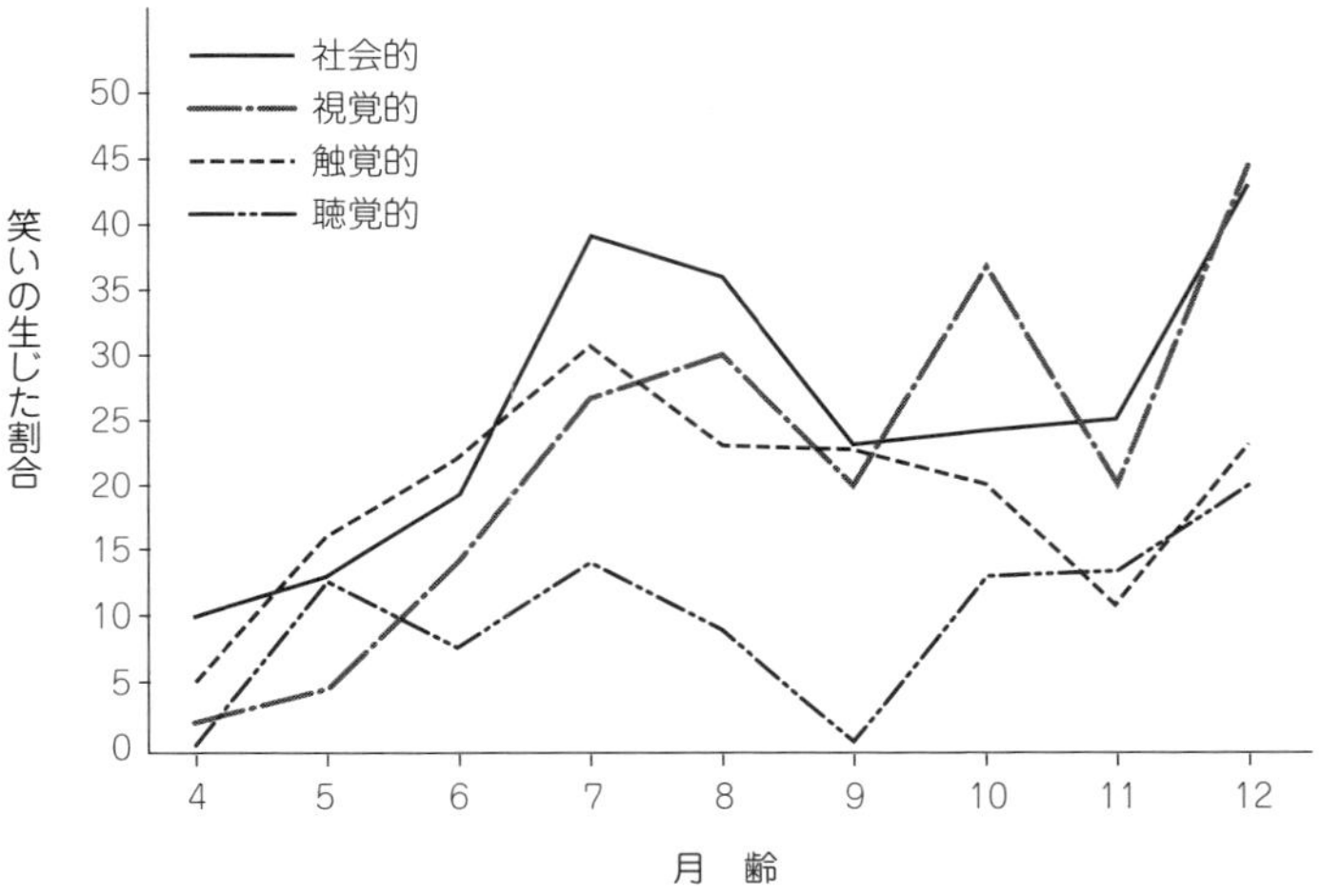

図 12　縦断的研究における笑いの割合（Sroufe & Wunsch, 1972 による）

乳児たちになると、（「いないいないばあ」などで次の場面を）予測して笑うことが出てくることです。

ところで「いないいないばあ」は英語で“peek-a-boo”です。スルーフらの実験では声を出していません。日本の「いないいない」と「ばあ」の間には間がありますが、英語の場合いきなりが多いようです。隠れていた顔が出てくるからおもしろいのではなく、単にやりとりがおもしろいのではないか、と考えられます。文化比較のむずかしさです。

6　日本の研究

スピッツに師事し、日本で最初に乳児の実験的な微笑研究をしたのが、丹羽淑子です。ですから、私たちは彼女を日本における乳児の心理学研究のパイオニアと考えています。丹羽は、観察と実験を併用しています。まず、新生児期の微笑から見ていきましょう[17]。

パイオニア丹羽による観察・実験

丹羽の論文の脚注に興味深いことが書かれています。新生児期の微笑を研究者たちは「微笑の運動パターン（スピッツ）」「反射的微笑（シャーレイ）」「無条件微笑（ワトソン）」などと呼び、3か月以降の微笑を「意味論的微笑（スピッツ）」「真の微笑（マーフィとニューカム）」「社会的微笑（ビューラー、デニス）」「条件微笑（ワトソン）」と呼んだそうです。ワトソンも行動主義者ですから、この「無条件」とか「条件」というのは、行動主義用語です。

丹羽の観察に戻りましょう。1名の観察が記録されています。生後4日目に、両目を少し開いた状態で、口の両端が上にあがり、口の周囲の筋肉がわずかにけいれんした、とあります。

10日目、目覚めていての微笑が盛んに現れ、29日から観察者を見ての社会的微笑があったといいます。丹羽は、新生児期の微笑は反射ではなく、社会的微笑と連続していると考察しています。

次に丹羽の実験に移りましょう。丹羽は、家庭で育っている赤ちゃんたちと施設で育っている赤ちゃんたちを対象に、観察者の顔や数種のマスクを見せたりして実験しました。生後2か月から6か月では、すべての赤ちゃんが実験者に対して微笑しましたが、それを過ぎると家庭児は微笑しなくなりました。施設児では、6か月以降もほほえむ子がいたということです。丹羽は、このあと、人見知りの実験も行っています。特定の人との関係ができると、知らない人を怖がる、という実験です。それについては、ここでは省略します。

島田の描いた「微笑の発達」

島田照三も精力的に新生児・乳児の微笑を研究しました[18]。生後1週から7週の84人の赤ちゃんを対象に観察したのです。「自発的微笑」を、

●目は軽く閉じていて、両側または片側の口角が上に向かって引っぱられ、それによって鼻

のわきにしわができる

というように表現しています。この片側だけというのも自発的微笑の特徴のひとつです。島田の自発的微笑の基準では、眠っている状態のものに限定していません。一番早いものは生後4時間目に観察され、不完全なものからだんだん完全な微笑が増えた、ということです。自発的微笑は、まどろみのときに見られ、泣いているときには起きない、ことも指摘しています。

島田は、1週から7週の間に、自発的微笑の回数は減少していくこと、ただ1回あたりの継続時間は長くなることを示しました。成長とともに片側のものが減り、両側のものになること、生後4週には目を開いた覚醒状態での「自発的微笑」が出てきて、これが「社会的微笑」につながるのだろう、と述べています（私たちは、覚醒していると何かを見ているかもしれないので、「自発的微笑」には入れないことにしています。この点が島田との相違です）。島田は、自発的微笑以外にも、刺激に対する微笑、いわゆる解発的微笑も考えています。生後4日頃には口の外を軽く触れる触刺激に対しての微笑が出てくること、ただしこれは生後7日頃に消えるそうです。次に生後9日目頃から高い音など聴覚刺激に対して微笑が出てくるが、生後3週目くらいに消えるとしています。

島田論文には、注目すべき指摘がたくさんあります。

・生後2年8か月の男児が自発的微笑を示したこともある
・低出生体重児では自発的微笑の回数が多く、持続時間は短い
・生後3週くらいの自発的微笑には発声を伴うこともある

第2点については、あとでエムデたちの研究を示します。第1と第3については、私たちが証明することになりますが、この島田論文は英語で発表されるべきだったと思います。

島田は、微笑が生物学的次元から社会的なものに発達すると考えました。図13は、島田の描く微笑の発達です。まず、自動期は生後4週くらいまでで、内的エネルギーが放出されるものと考えます。触覚刺激に対するものは「自己受容的」、聴覚刺激に対するものは「外受容的」と考えています。生後6週目くらいまでを中間期と名づけます。覚醒していての微笑が生じやすくなります。生後7週頃から視覚刺激の重要性が増し、特定の人でなくとも微笑が生じます。さらに生後25週を過ぎると、特定の人にのみ微笑が生じる（図には20週くらいまでしかありませんが）、というわけです。もちろん島田は、これらの段階は相互に重複しあうのであり、個人

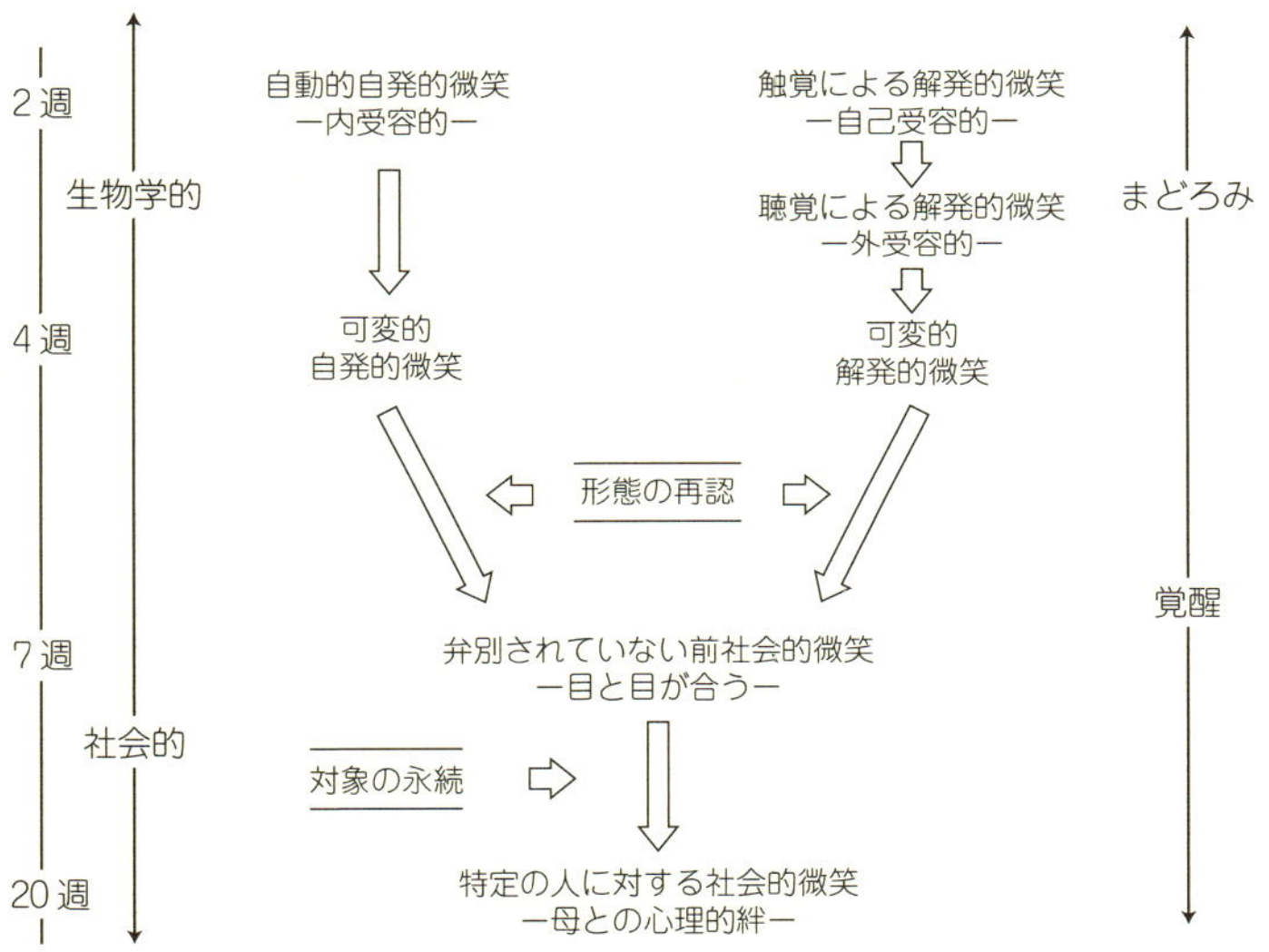

図 13　微笑の発達過程（島田，1969 による）

差もある、ことを付け加えています。

高橋の「エネルギー放出」説

島田のあとに「自発的微笑」を研究したのが、高橋道子です。[19] 高橋の自発的微笑の定義は、島田と同様です。高橋は、生後3日から6日の新生児を14人観察しました。10分あたりの平均微笑時間と平均微笑回数を覚醒水準別に示したのが図14です。深い睡眠、規則的睡眠時にも少しは見られ、また覚醒時にも見られますが、浅い睡眠の不規則睡眠時に多いことがわかります。

眠りながらのびっくり反応が出

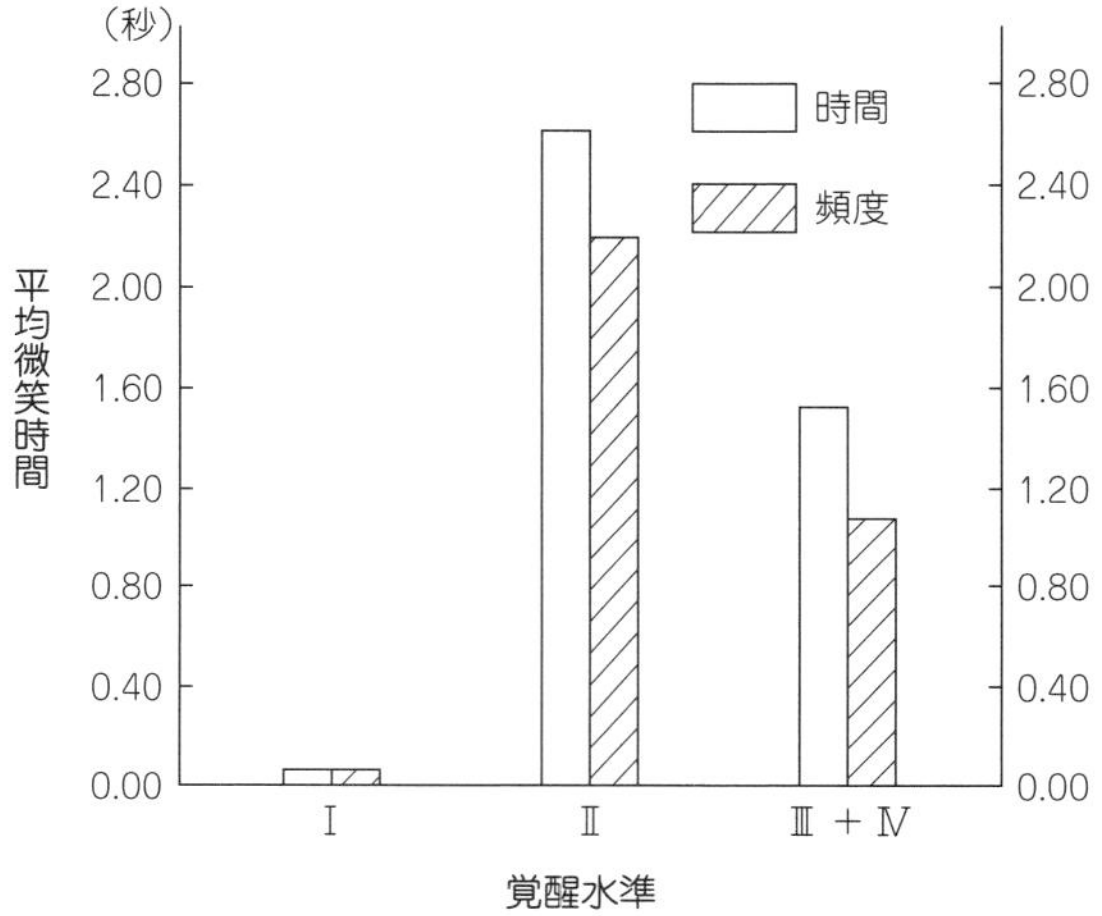

図 14　各覚醒水準 10 分あたりの微笑（高橋，1973 による）
覚醒水準については表 6（p. 56）参照。

ると微笑は出ず、逆に微笑が出るとびっくりが出ないのです。高橋も、新生児の内部に興奮状態が起こり、そのエネルギーを放出しているのではないか、それを「びっくり」か「微笑」で表出しているのではないか、と考察しています。なお、高橋はその後の研究も含め、一冊の著書をまとめています[20]。

高橋の研究は、英語の要約がついていることもあり、あとで述べるスルーフたちの展望論文で引用されています。ただ、それ以外の日本の研究は、ほとんど引用されませんでした。前半で述べた、松沢らの研究との差が明らかです。松沢らの知見は英語で世界に発信され、世界を動かしています。

せっかく、いい研究をしても、日本語で書いてある限り、世界的に注目されることはありません。英語で書くことが必要なのです。

7　低出生体重児の自発的微笑

スピッツの弟子にエムデという人がいることは前述しました。自発的微笑は未熟なものと考えられる傾向がありますから、エムデたちも、低出生体重児の方が満期産で生まれた子どもたちより、自発的微笑が多いだろうと推測しました。[21]彼らは、覚醒水準とともに、微笑の強さを5段階（目元まで含んだ両方の頬が上がっていて、それが2秒以上続く～両方か片方の口元が1秒以上上がっている）で記録しました。予想通り、低出生体重児の方に多く記録されました。ほとんどの自発的微笑が、不規則睡眠時に起こり、しかめっ面や口の動きなどがないときに記録されました。よけいな情報ですが、エムデたちの時代の目で見て記録する方法と、現代のコンマ何秒単位のデジタル記録を同じ土俵で考えていいかは考慮する必要があります。もちろん昔の研究は意味がないということでは、決してありません。

8　初期の展望論文

前に出てきたスルーフは、アタッチメントの研究者として有名ですが、１９７０年代は微笑や笑いの研究もしていたわけで、ここでご紹介するのは、その代表的な展望論文です[22]。この論文は、微笑の発生を扱いながら認知的な発達まで統合しようという意欲にあふれています。

スルーフの考えた微笑の原因

スルーフたちは、微笑の原因として前にあげたエムデらの研究も含めて、皮質下の中枢神経系のエネルギー放出という考えを引いています。不規則睡眠のときに現れる他の行動と一緒に出現しないこと、生後３か月くらいで消えること、などに基づいているのです。低出生体重児に多いことも、その根拠のひとつです。脳幹などの興奮が自発的微笑に関係している、というのです。

表7を見てください。生後３週くらいに覚醒時に微笑が現れるとしています。うなずいている頭が微笑を引き起こすのに効果的だということです。スピッツの実験方法を思い出してくだ

表７　微笑と笑いの発達（Sroufe & Waters, 1976 より）

週齢・月齢	反応	刺激	潜時	備考
		微笑		
出生直後	口の端	内的刺激		中枢神経系の変動による
１週	口の端	低水準、中間水準	６～８秒	睡眠中
２週	口を後に引く	低水準、中間水準、声		まどろみ中
３週	歯見せ、目も伴う	適度な水準、声	４～５秒	覚醒時、注目して
４週	活発な微笑	適度に強くても		強い触刺激が有効
５～8 週	機嫌のいい発声も	ダイナミックな刺激	３秒以下	うなずく頭、点滅する光
8～12 週	機嫌のいい発声も	動かない刺激	短い	再認刺激
		笑い		
４か月	笑い	多重感覚、強い刺激	１～２秒	触覚、聴覚
５～６か月	笑い	強い音刺激、触刺激	すぐ	
７～９か月	笑い	社会的刺激、視覚刺激	すぐ	
10～12か月	笑い	視覚刺激 社会的刺激	予測して	活発な関わりの中

さい。5週目くらいになると社会的刺激（特に人の顔）が微笑を引き出します。これは、赤ちゃんが顔というシェマを構成しているためだ、と考えているようです。シェマというのは図式のことですが、これについて少し説明しましょう。[23]

シェマと微笑

シェマというのは、ピアジェがよく使った用語です。ピアジェは、赤ちゃんが物事を理解していくのに、刺激を取り込み（これを「同化」という）、図式（これが「シェマ」）を作ると考えました。刺激を取り込んでいって図式に合わないものが出てくると、図式を替える、これを「調節」と呼びました。この「同化」「図式」「調節」を繰り返して、物事を理解していくのだ、というわけです。わかりにくいかもしれません。顔の図式で考えましょう。赤ちゃんは、毎日お母さんの顔を見て、お母さんの顔の図式を作ります。でも、そのお母さんが顔にパックを塗ったとしましょう。これは、それまでの図式と大きく異なります。調節が必要です。パックを塗っても、お母さんはお母さんなのですから。

スルーフたちの論文に戻ると、顔の図式とのずれなどが微笑を引き起こすというような説明がなされています。そして、表7にあるように、笑いは生後4か月まで出てこない、とされています。これがハーディのいう「誤った知見」の例で、微笑や笑いの発達の論文や本を見ると、スルーフらのこの文献が引用されて、ヒトは生後4か月まで笑わないことになっています。私たちのデータはあとでご紹介しますが、4か月まで笑わないというのは誤りです。評定法のエクマンは、さすがに新生児にもてんかん的笑いがあり、構造的には生まれたときから笑いが可能だとしています。[24] エネルギー放出で自発的微笑が起こるという説明も、多分誤りです。これも私たちのデータを紹介します。

9　顔の図式とルイス

本書の主旨と少しずれるのですが、顔の図式について、世界の発達心理学界のリーダーのひとりルイスらの説明を聞いてみましょう。[25] ルイスらは、まず図式を「情報を処理するときに使う、割合長く継続する、情報区分のためのモデル」と考えます。確かに、物理的環境を理解するには、ピアジェの同化・図式・調節は有効だろう、でも人との関係は、そんなに単純ではない、と彼らはいうのです。お母さんの顔だって、正面からだけ見ているわけではなく、いろいろな方向から見ているわけです。顔の図式というもので、顔の理解ができるだろうか、ということです。だいたいピアジェは、子どもの認知発達は世界中で共通だ、といっています。でも子どもが生活している場は、子どもによって違う。お母さんの図式があるとしても、お母さんは子どもによってみな違うのだから、図式も違うはずだ。ピアジェのいう同化と調節というような過程は同じとしても、結果は子どもによってみな違うのではないか、とルイスらは主張します。本書の第1筆者は、ルイスたちのこの論文を読んだとき、雷にでも打たれたような衝撃を受けました。当時、ピアジェは生きていましたから、ピアジェに対する知的挑戦だったわけです。ルイスらは、対人関係の発達を理解するには、子どもが自分（self）を理解することが鍵だと考えたのです。[26] 自分はだれにとっても違うからです。ルイスによる本書の序文は、ここにつながるといえます。

だんだん本書のテーマとずれてきました。微笑に戻ることにしましょう。

10　現代の微笑研究

私たちは、前に述べたニホンザルの自発的微笑の発見から、微笑の発達に首を突っ込むことになりました。それ以前は、ストレス、匂い、胎児などを研究テーマにしていたのです。余談ですが、欧米の研究のやり方は、ひとつのテーマを見つけると徹底的にそれを追究するというのが多いといえそうです。研究室単位で動くので、あるテーマを見つけると、それを代わる代わる研究していく。効率的で生産的です。でもいつの間にか、マンネリ化するような印象を受けます。もちろん、これで世界の心理学が進歩してきたのは確かですし、あるテーマをみると、そこの専門家が必ずいます。私たちが以前取り組んだストレス研究[27]にも何人かいました。匂いをテーマにしている人ももちろんいました。胎児についても……。私たちのように、次々にテーマを替えるのは、あちらの研究者たちには不思議でしょう。

さて、現代の微笑研究を調べてみると、研究者はそれほど多くありません。アメリカのメッシンジャー、イタリアのドンディくらいが目立ちます。しかも、メッシンジャーとドンディは共同研究もしています。彼らの研究を見てみましょう。

10―1　メッシンジャーらの研究１

本書の最初に出てきたエクマンのＦＡＣＳという評定尺度（15頁参照）で、生後１か月から６か月の乳児が母親とフェイス・トゥ・フェイス・インタラクションをしている場面を研究したのです。[28] 鼻のわきにしわがよるＡＵ12と、頬が上がるＡＵ６が微笑の決め手です。メッシンジャーらは、鼻のわきにしわがあり頬が上がっている場合、ダーウィンのところで出てきた「デュシャンヌ微笑」と呼び、鼻のわきにしわがよっているだけで、頬が上がっていない場合は「非デュシャンヌ微笑」と呼びます（図1、2参照）。おとなの場合、うれしい場面ではデュシャンヌ微笑が多くなります。非デュシャンヌは喜びと関連していません。また、おとなではデュシャンヌの方が非デュシャンヌより、継続時間が短いといわれています。乳児ではどうでしょうか。

観察室で、母子を記録しました。デュシャンヌが喜びと結びついていることは、乳児もおとなも同じです。しかし、デュシャンヌは、非デュシャンヌに続いて現れることがわかりました。またデュシャンヌは非デュシャンヌよりも継続時間が長かったのです。生後6か月間の変化は見られませんでした。おとなとの違いが多く見られたことになります。

10−2　メッシンジャーらの研究2

次にご紹介するのは、おそらく研究1のデータを分析し直した論文です[29]。まず、AU12だけの微笑を「単純な微笑」、AU6が加わったものをデュシャンヌ微笑、AU6はないが口開けを含んだものを「遊び微笑（play smiling）」、デュシャンヌ微笑に口開けを含んだものを「大き

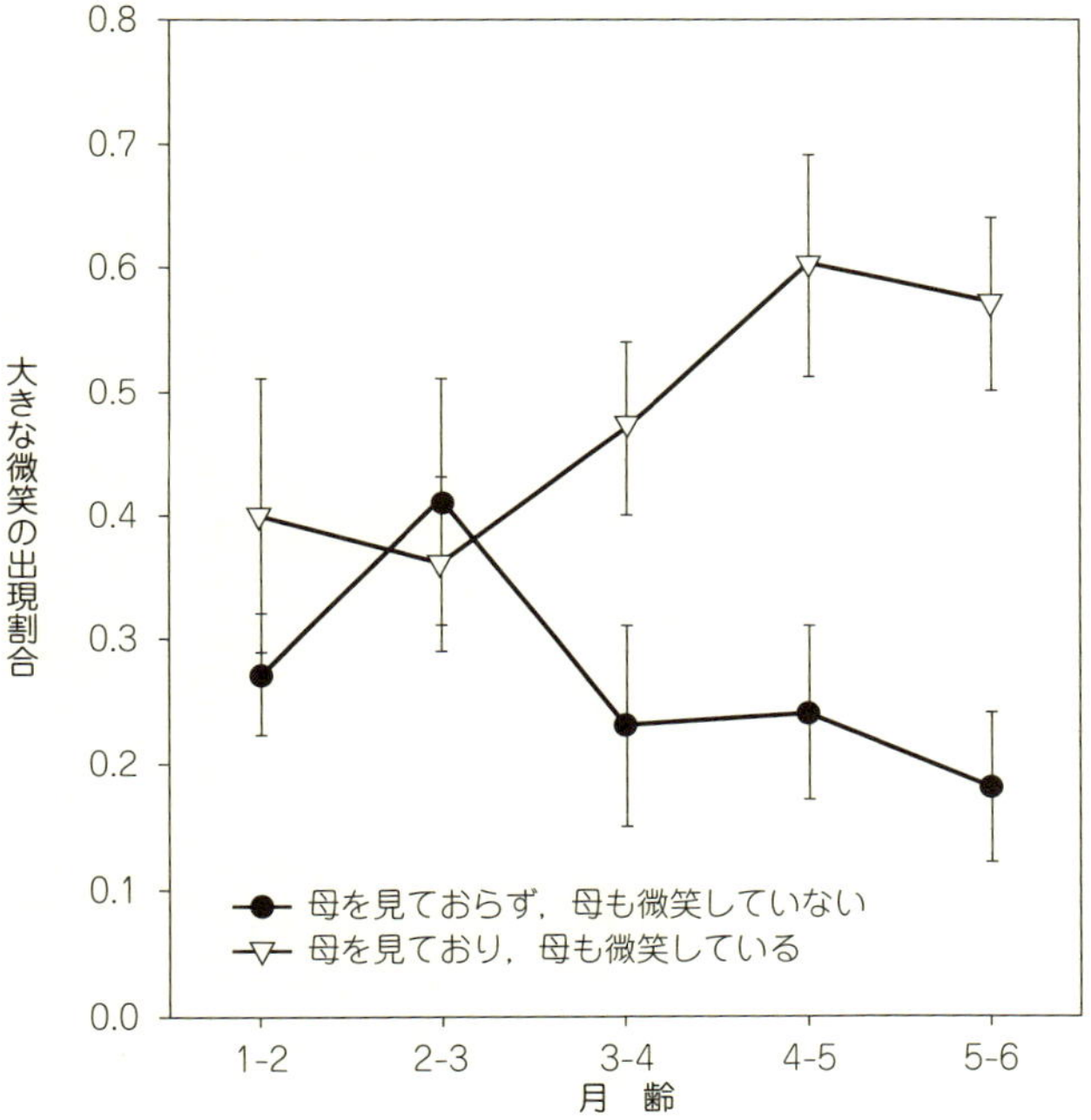

図 15　大きな微笑の出現（Messinger et al., 2001 による）

な微笑（duplay smiling）」と呼びます。これらが生後1か月から6か月の間に、どのように変わるか、を検討したものです。ここでは、乳児の視線も対象にしています。

図15を見てください。これは、「大きな微笑」が6か月間にどのように変わるか、お母さんを見ているか・そのときお母さんが微笑しているか、を含めて表したものです。成長とともに、やりとりの中で微笑していくようになることがわかると思います。多分この当時はまだデジタル機器ではないので、分析が今より大きい単位だと思われます。文章からも、それが読み取れます。もちろんデータの重要性がそれで失われるわけではありません。

10－3　メッシンジャーらの研究3

25人の新生児を眠っているとき、各6分間撮影しました。[30] わずか6分、間違いありません。そのビデオを、FACSでチェックしました。両頬でも片頬でも、デュシャンヌ微笑も非デュシャンヌ微笑も半数の子どもたちに見られました。継続時間は1秒くらいで、両頬の微笑の方が片頬より多いといえそうでした。一方、口開けを伴った微笑（AU26c－eやAU27と評定されます）は、ほとんど記録されませんでした。

メッシンジャーらは「自発的微笑は、脳幹の活動であり、快感情とはむすびついていない、と考えられてきた。この点をはっきりさせるには、脳画像などの情報が必要だろう。また、新生児の微笑と、その後の社会的微笑との一貫性を調べるには、縦断的研究による同じ子どもたちの追跡が必要だ」と結んでいます。

10－4　ドンディらの研究

この研究にも、ほとんどこの前の研究者たちが関係しているのですが、区別するためにドンディらの研究とします。[31] ここでもデュシャンヌ微笑と非デュシャンヌ微笑が決め手です。この研究は2つの部分から成り立っていて、特に2つ目が興味深い内容です。

最初の部分（研究1）では、生まれた直後の32人の新生児を対象にしていて、覚醒している子から深く眠っている子まで含まれています。まどろみやREM睡眠のときにデュシャンヌも非デュシャンヌも多いが、覚醒状態や深い眠りでも見られること、デュシャンヌの方が非デュシャンヌより継続時間が長いことが示されました。

研究2では、研究1のビデオを学部学生に見せて、微笑かどうか判断してもらったのです。プロの評定者と素人の比較をしてみようというわけです。デュシャンヌ微笑も非デュシャンヌ微笑も、プロの方が多く数えていました。継続時間が長いと素人でも微笑と判断するようでした。微笑を見る目も養われるということでしょう。

11　現代の微笑発達の展望

11―1　メッシンジャーらの展望

約40ページもあるメッシンジャーらの展望論文は、これを読めば現状がわかるというものでしょう[32]。あとで述べる私たちの論文も引用してくれています。まず神経生理学な観点として、やはり微笑は脳幹が関係していること、意図的微笑には大脳皮質が関わるが、無意図的なものには皮質下のものが関わると述べています。

皮質下が関わるであろう自発的微笑がだんだん減り、神経学的に成熟してくると社会的微笑が出てくる、それは当然、環境との相互作用の中で見られるということです。そして、非デュシャンヌ微笑は喜びが加わらないものとして、生後10か月くらいにはデュシャンヌ微笑と区別されるとしています。そして口開け微笑がさらに区別されます。これは、微笑の強いもので「生後4か月以降によく見られる」というのです。この微笑と笑いは区別されています。図16は、横軸に情動の魅力度の正負を取り、縦軸に覚醒の高低を取って、表情を表したものです。

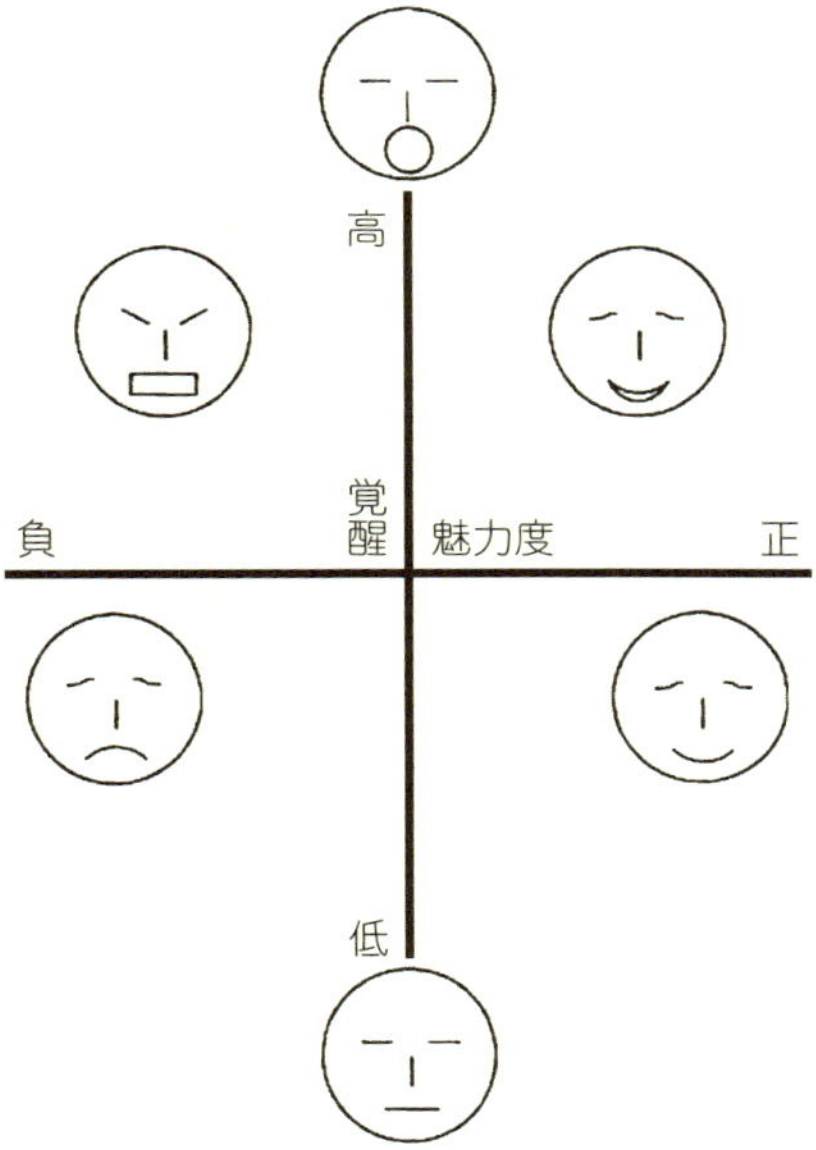

図 16　情動表出のモデル
（Messinger & Fogel, 2007 による）

このようにメッシンジャーらの展望を読むと、情動の強弱が鍵を握っていると考えていることがわかります。

今後の研究課題

生後8か月を過ぎると（「いないいないばあ」で次に顔が出てくる場面のような）予測した微笑が、おとなとの関係で出てくるといいます。この頃、子どもたちのおとなとの関係は、フェイス・トゥ・フェイスから物が間に入るコミュニケーションに変わっていくということの現れといえます。このあたりのことは少し説明が必要でしょうから、このあとすぐに加えるとして、メッシンジャーらの論文をまとめておきます。彼らは乳児期の微笑研究が、ほとんど実験室的場面でのみ行われていることを指摘しています。ですから、この論文を読んでも、微笑の強弱の話ばかりで種類が出てきません。メッシンジャーらは、もっと広い視点での研究の必要性を指摘するだけでなく、自閉的な子や低出生体重で生まれた子、またダウン症の子などの研究が必要だと述べています。それだけでなく、うつのお母さんの子の微笑研究もこれからの課題でしょう。

三者関係

メッシンジャーらの展望に出てきた、生後8か月くらいの赤ちゃんとおとなとの関係について補足します。赤ちゃんは、最初お母さんなどとフェイス・トゥ・フェイスのコミュニケーションをします（図17・上）。それが、生後8か月を過ぎた頃から、物が介在する関係に変わっていきます（図17・下）。これを子と母（お父さんでももちろんいい）と物の関係なので、三者関係（または三項関係）と呼びます。[33] 図17がその変化を示しています。トレヴァーセンは、これを「第一次間主観性」から「第二次間主観性」といいます。[34] また、この変化の時期を「9か月革命」といったりもします。

11―2　ドンディらの展望論文

この展望論文は、全部翻訳したいくらいです。[35] デュシャンヌやダーウィンから始まって、そ

図 17　第一次間主観性（上）と第二次間主観性（下）

れが機器の進歩によりエクマンやイザードの表情評定法が生まれたこと、そのことが微笑の発達研究とどう結びついているか述べています。エクマンは、微笑だけで18種類も考えているのです。これまでデュシャンヌ微笑と非デュシャンヌ微笑は、前者には情動が含まれているが後者には含まれていないと考えられてきました。自発的微笑は寝ているときに出てくるので情動は含まれていないが、1か月頃社会的微笑が出てくる、これは情動が含まれる、というわけです。つまり最初の頃、赤ちゃんは情動的な微笑は示さないが、だんだん情動的になるということです。

ドンディたちはこれまでの研究のまとめに加え、実際、新生児たちを自然観察（何も刺激を与えないで観察すること）したのです。赤ちゃんたちは、デュシャンヌ微笑を示しました（これは、84頁のメッシンジャーの研究のデータですから、ここでは当然です）。受精後33週から34週の低出生体重児でも観察されたし、30週以下でも、強いデュシャンヌ微笑が見られたというのです！　生後1か月頃までは出ないとされてきた情動的微笑が、はるか前の時期でも見出されたのです。情動が含まれているかどうか、むずかしい点もありますが何かうれしくなります。[36]もうひとつ彼らが注目したのは、覚醒していても新生児が微笑するということです。これまで新生児の覚醒時の微笑は、ほとんど注目されてきませんでした。

ドンディたちの主張は、次のようになります。赤ちゃんたちは、最初から情動的微笑をしている、というのが第１点。どういう外的条件だとどういう情動が見られるようになる、というような基本的なことさえ、まだわかっていないと述べています。目覚めていても微笑が見られるということは、どう考えたらいいのでしょうか。ＲＥＭ睡眠のときの方が断然微笑が多いのは、大脳辺縁系の活動が関係しているのでは、と彼らは推測しています。データに基づいて、これまで考えられてきたことを訂正していく、ドンディたちのアプローチはまさに、科学の正道を実践しています。

12　胎児期の微笑

これからいよいよ私たちの研究に突入します。一部それに懸かるのですが、出生以前のことを理解しておかねばなりません。胎児期の発達にも知るべきことがたくさんありますが、ここでは胎児期の脳と身体運動の発達について簡単に押さえておきましょう。[37]

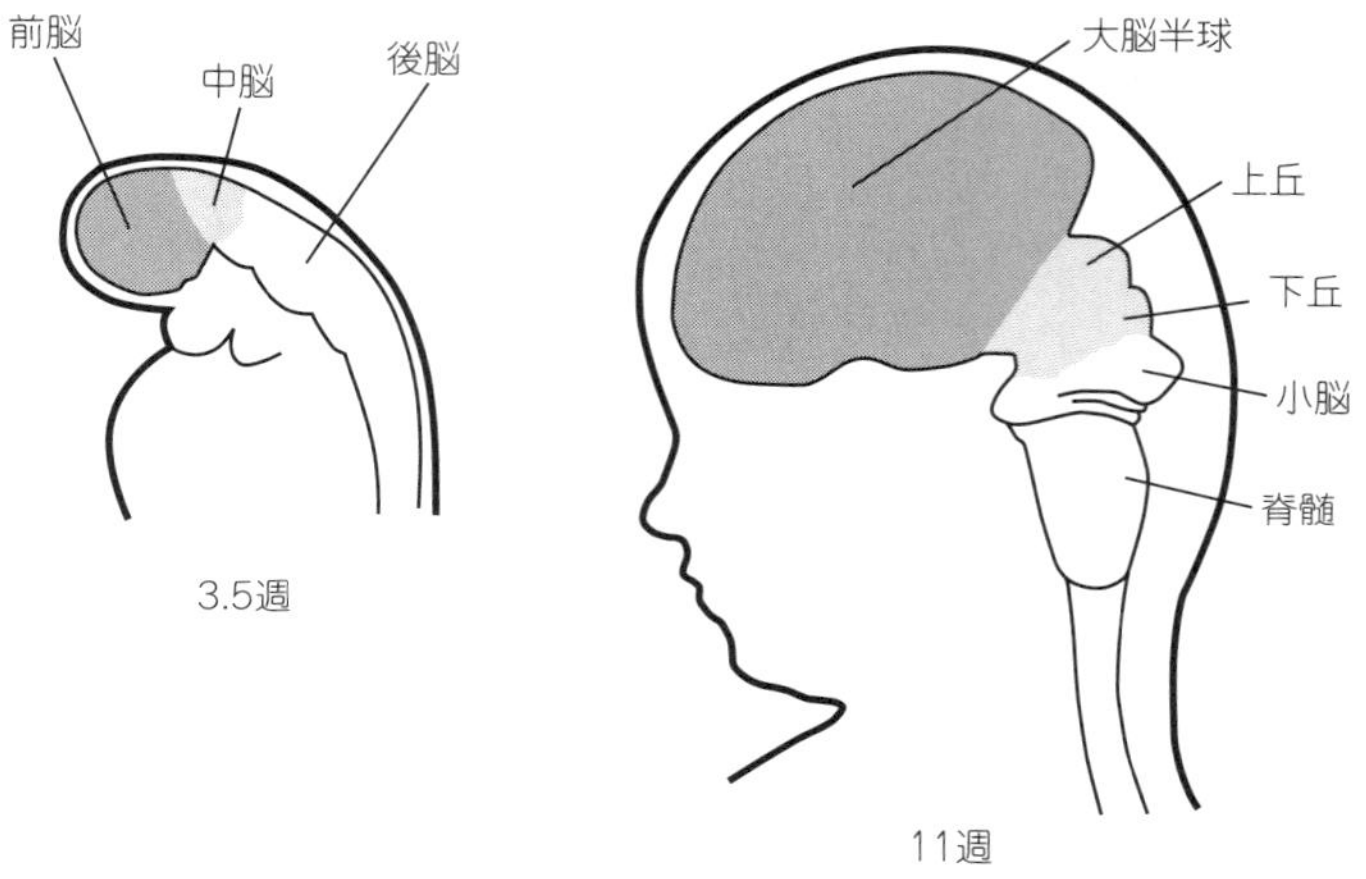

図 18　胎児の脳発達（Hepper, 2007 による）

胎児期の脳はどのように発達するか

まず脳の発達です。図18は、3・5週目と11週目の胎児の脳の構造を示しています。脳は受精後18日で発達を始めますが、発達の速度はきわめて遅く、出生後も発達を続けます。9週目の胎児では、脳の重さは体重の25%ですが、出生時には10%になり、成人ではわずか2%となります。脳の発達は2つの水準で考えられます。神経管（the neural tube）がどのように発達して、脳の主な構造（後脳・中脳・前脳）を作るかというマクロなものと、脳の中で脳細胞がどのような複雑な器官を作るかというミクロな水準です。

ここでは細かいミクロを省略するとして、

マクロな水準では、４週の終わりには、神経管の一端が後脳・中脳・前脳となります。５週の間に前脳は終脳と間脳に分化し、終脳が新皮質となります。後脳と脳幹がまず発達し、大脳皮質が後を追います。生きるのに必要なものから発達するわけです。

４次元超音波断層法が明らかにしたこと

近年の４次元（４Ｄ）超音波断層法の進歩は、私たちに新たな知見をもたらしつつあります。４次元といってもＳＦの世界ではなく、産科学の診断装置です。立体の３次元にさらに時間が加わったので４次元というわけです。その先駆者のひとりと目されているカージャクが日本の学会で講演した記録が論文になっています[38]。そこには、胎児期の神経生理学的発達の展望と胎児の運動発達の展望がまとめられています。最後には胎児の表情について触れていて「あくび」「飲み込み（嚥下）」「吸い込み（吸てつ）」「微笑」「舌だし」「しかめっつら」「口の動き」「瞬き」が写真つきで紹介されています。ちなみに「微笑」は「口の端が上がる表情」とされています。残念ながら荒い定義です。

ここではより新しいピオンテリの著書の概略をまとめましょう（ただし、ピオンテリは妊娠齢でまとめていますが、ここでは在胎齢にします。また週数などは、今後も変わりうるので、あまりこだわらないようにしましょう)[39]。

6週から7週くらいから胎児の動きが出てくる。8週くらいは頭などが動きの中心であり、12週くらいには十分に動けるが、16週くらいになると腕の動きが中心になる。7週くらいから「しゃっくり」を始め、10週くらいがその最盛期となる。もっと早いと主張する研究者もいるが、13週くらいからあくびが出てくる[40]。蛇や魚もあくびをする［本当でしょうか］。あくびには皮質は関与していない。呼吸様運動は8週くらいから始まり、週齢とともに増加する。嚥下運動も9週くらいから始まる。指しゃぶりは8週くらいからと考えられる。

4Dがもたらした変革は、胎児の表情を研究できるようになったことでしょう。しかし、乳児の表情評定（baby FACS）[41]でさえむずかしいのに、胎児のそれが容易なはずはありません。ピオンテリは、23週から「怒り」「嫌悪」「恐れ」「幸福」「悲しみ」「驚き」の基本的情動が同定できるとしています。微笑に関しては、それらしきものが13週くらいから、23週には完全な微笑が出てくると述べています。嫌悪を示すような舌出しが、16週から観察されています。情動の表出には、中枢神経系の発達が不可欠であることはいうまでもありません。ピオンテリも感覚と知覚を分け、いつから知覚が始まるのかはわからないとしています。

カージャクとピオンテリの共通の問題点は、行動の定義のあいまいさです。４Ｄといいながら、時間はまったく考慮されていません。また後者は、対象児の記述もあいまいです。

第３部
私たちの研究

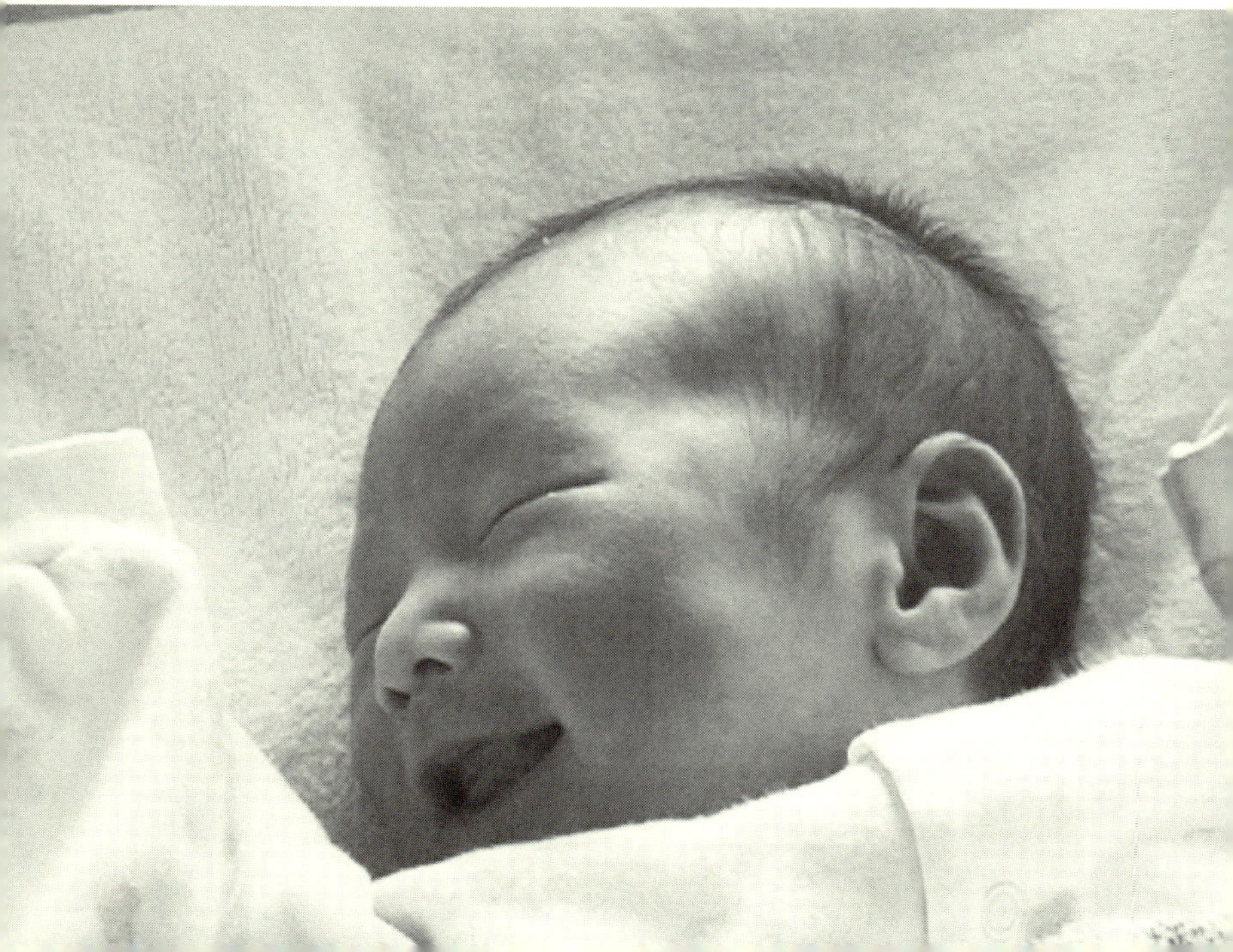

1　自発的微笑の研究

まず、私たちの自発的微笑の定義から述べましょう。

① 唇の端が上がっていること（FACSのAU12、MAXのCode52）
② 不規則睡眠、まどろみの状態であること（覚醒していると何かを見てほほえんでいるかもしれない。これまでの研究者は覚醒時にも自発的微笑を認めてきたことに注意）
③ 明瞭な外的刺激・または内的原因がないこと（夢をみているか、なども不明なので考えない）
④ 1秒以上続くこと
⑤ 連続の場合、1／6秒以内に出現したら同一とする（私たちが使っているビデオはボタンを1回押すと30分の1秒動く。ボタンを5回押している間に起こった微笑は同じにすることにした）
⑥ 声を伴うものは「笑い」とする

1―1　胎児期の微笑

胎児の場合、覚醒水準の同定は簡単ではありませんので、②は考えないことにします。また、厳密には③の内的原因はわかりません。

鎌倉・矢内原医院の矢内原巧院長（昭和大学名誉教授）が、在胎23週1日の胎児と30週2日の胎児を4Dで撮影しました。それを私たちが分析したのです。お母さんに30分程度横になっていただき、撮影しました。23週1日の胎児の録画時間は3分49秒で、30週2日の胎児の方は4分26秒でした。前者には6回、後者には1回の微笑が記録されました。と書きましたが、実際は胎児が落ち着いていて、顔が十分に観察できる機会はきわめて少なく、貴重なデータなのです。データの信頼性を確保するために、2人が独立にビデオを見て自発的微笑といえるかどうかチェック（これを観察の一致率といいます）し、2人とも自発的微笑と判断したものだけをデータとします（観察の一致率は100％でした）。2人の胎児の微笑の継続時間の平均は4・45秒（標準偏差2・93秒）でした。継続時間は長いといえます。いずれにしろ、胎児が厳密な定義でも微笑していることが明らかです。

23週1日の胎児の微笑をお見せしましょう（図19）。これは、読売新聞で2009年12月30日に報道され、翌年1月5日の読売新聞「編集手帳」にも取り上げられました。12月30日の記事

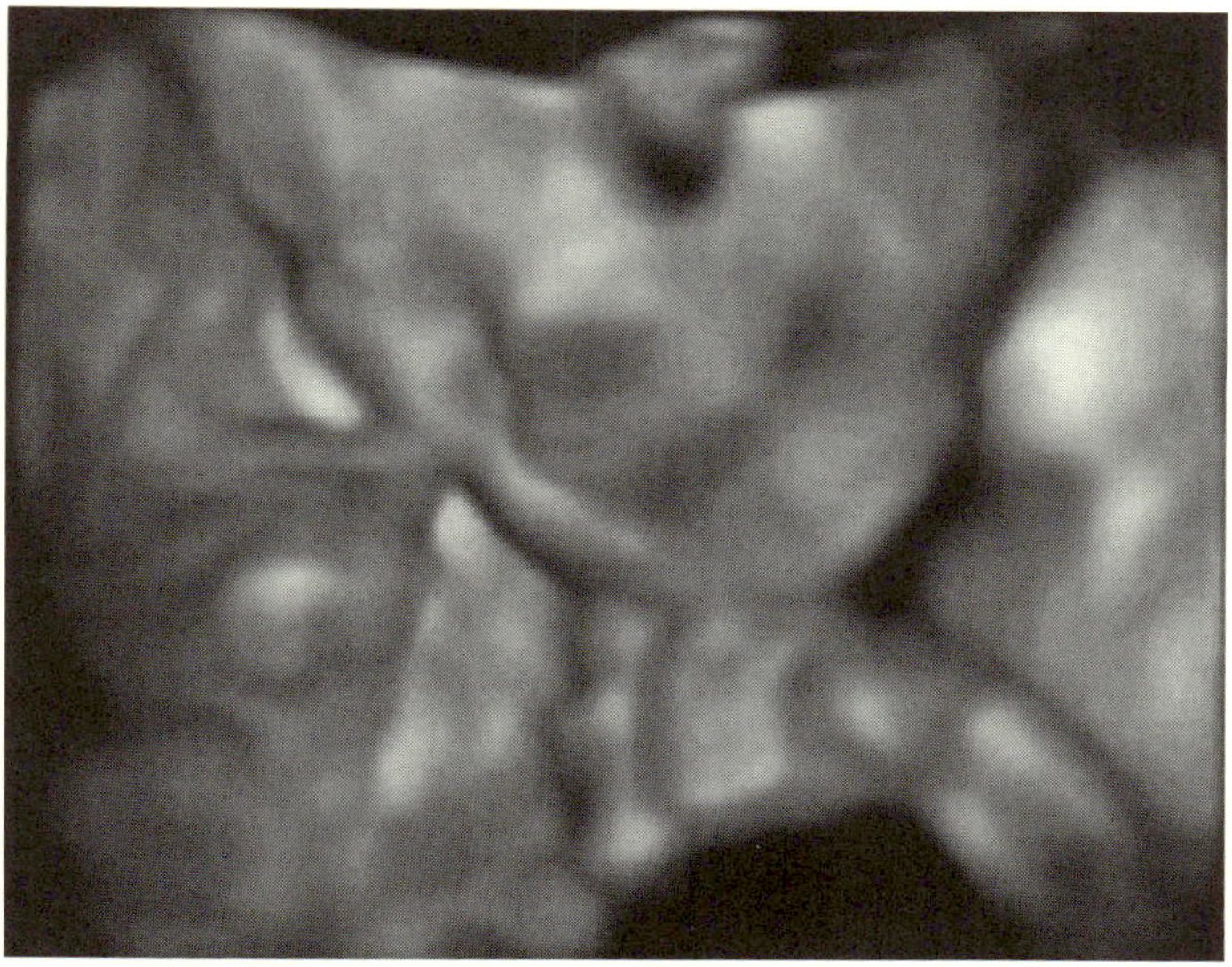

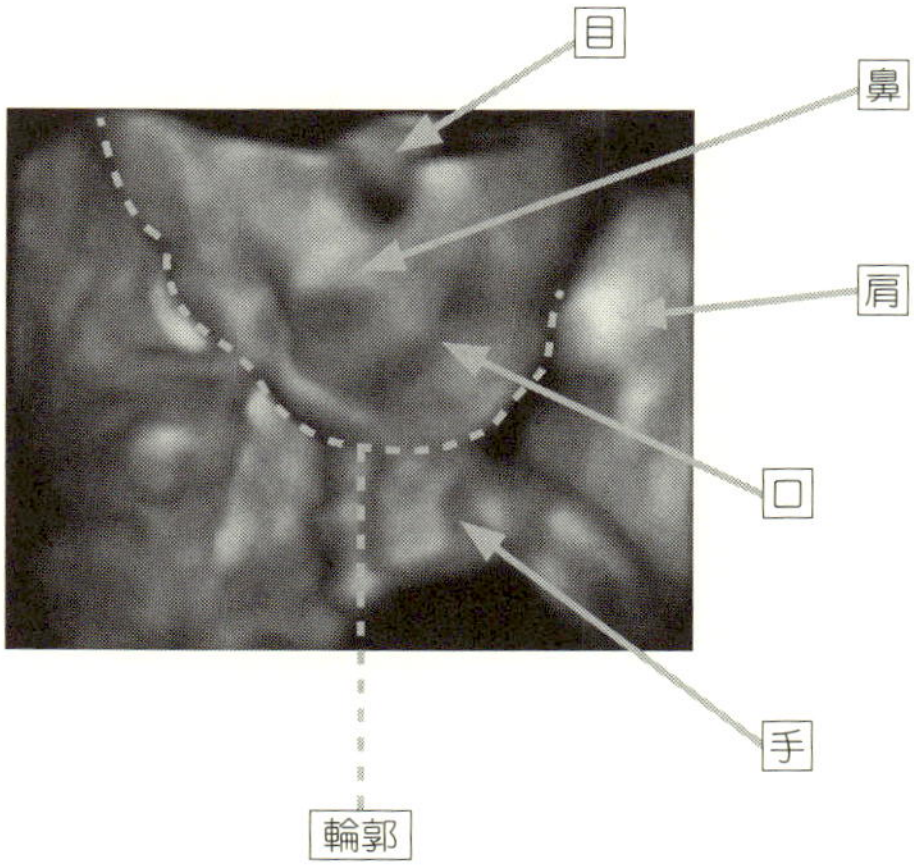

図 19　胎児の微笑（川上文人，2009。人間環境学研究会の許可による）

は、読売新聞のサイトを通じて中国にも伝えられたようで、サイト上の引用が驚くべき数字になっています。[1]

1―2　低出生体重児の微笑

前にもふれたように、ヒトの微笑研究の先駆者ウォルフも、スピッツの弟子のエムデも低出生体重児の微笑の研究をしました。自発的微笑は未熟な微笑という前提だったと思います。私たちも千葉県の亀田メディカルセンターのＮＩＣＵ（新生児集中管理室）で観察させていただきました。[2]

対象は22人（女児10・男児12）の妊娠（gestational）２８０日以下で、出生時２５００g以下、でも健康な子どもたちでした。平均妊娠日数は２１０・７３日（標準偏差２８・１８）、平均出生時体重は１１４９・３２g（標準偏差４８５・３４）でした。生まれたときの状態を10点満点で示すアプガー・スコアというものがあります［これはアプガーという産婦人科医が提唱した評定値です。インターネット上で検索すると、とんでもなく誤った情報が流れています］。出生時のアプガー・スコアは５・６８（標準偏差３・０３）、５分後は７・５９（標準偏差２・２８）でした。彼らを通常の状態で、１時間ずつ記録したのです。

すべての赤ちゃんが最低１回は自発的微笑を示しました（平均４・３２回、標準偏差４・１９、最低１回、最高18回）。全部で95の自発的微笑があり、平均持続時間は３・２８秒（標準偏差１・５６）でした。観察時点で、（お腹の中にいると仮定して）一番妊娠齢の小さな子は２００日で、体重は５１１gでした。

自発的微笑の回数には、性差がありませんでした。平均値で分けて分析すると、妊娠日数も、出生時体重も、アプガー・スコアも関係なく、ただ観察した日が妊娠から２５１日以下の子どもたちの方が、大きな子どもたちより微笑が多かったということがわかりました。また観察時に、体重が１８０７gより小さな子どもたちの方が大きな子どもたちよりも微笑が多かったのです。つまり、小さな子どもたちの方が自発的微笑が多かったということになります。

自発的微笑の持続時間はどうでしょうか。これも性差はなく、妊娠日数も、出生時体重も、アプガー・スコアも関係ありませんでした。回数と同様に、観察した日が妊娠から２５１日以下の子どもたちの方が、大きな子どもたちより微笑が長く、体重が１８０７gより小さな子どもたちの方が長かったのです。

この研究の結果は、従来の研究と同様に、小さな子どもたちの方が自発的微笑は多いということを示しました。では、自発的微笑は未熟な微笑かというと、そうとはいえないことが、このあとの研究からわかってきます。

お腹の中でもほほえむ赤ちゃん

胎児と低出生時体重の子どもたちの研究から、確かに赤ちゃんたちは、お母さんのお腹の中で微笑していることがわかります。低出生時体重の子どもたちも、まだお腹の中にいると仮定すれば、です。だれにも見えないのに、彼らはほほえんでいるのです。４Ｄは、お腹の中の赤ちゃんの様子を私たちに示してくれているわけです。私たちの知人が、孫の誕生を待てずに亡くなりそうだという話を聞き、４Ｄで対面することを勧めたことがありました。

1−3　新生児・乳児の微笑

前にも出てきましたが、新生児というのは生後1か月まで、それ以降を（いつまでにするか1年から2年まで、研究者によって差があります）乳児と呼びます。病院で新生児の微笑を私たちが撮影し、家庭で母親に新生児・乳児の微笑を記録してもらったのが、次の研究です[3]。昭和大学病院では10人の新生児を1時間ずつ観察しました。別に6人の新生児・乳児を家庭で母親に録画してもらったのですが、時期も時間もばらばらで、統一されていません。

初めて記録された「自発的笑い」
病院の新生児たちは、６名が女児で４名が男児、生後平均４・８０日（標準偏差１・６９）でした。普通分娩で生まれ、平均出生時体重２９１４・８０ｇ（標準偏差４２４・７０）、出生時の平均アプガー・スコアは８・７０（標準偏差０・６８）、５分後は９・６０（標準偏差０・５２）、平均妊娠週数３８・８４（標準偏差１・１６）でした。全員が１回は自発的微笑を見せ、合計は24回で、平均継続時間は１・９７秒（標準偏差０・６８）でした。性差やアプガー・スコアなどの影響は見られませんでした。片方の頬に現れたものが多く、右頬を下に寝ていると左頬にというように枕の反対側に出ることがわかりました。統計的に有意ではないものの、左頬に出たものの方が多いという結果でした。

家庭児たちは２名の男児と４名の女児で、生後４日から記録された子もいれば、２か月を過ぎてからの子もいました。彼らは普通分娩で生まれ、平均出生時体重は２９１１・８３ｇ（標準偏差２７２・３４）でした。観察された時間も回数もばらばらです。平均観察時間は１７４・１５分（標準偏差１３０・０６）で、全部で82の自発的微笑が記録されました。うち０か月児21、１か月児41、２か月児20でした。微笑の方向が判定できたうちで、36が両頬、17が片頬でした。やはり枕の反対に多く現れましたが、左右差はありませんでした。

病院のデータと家庭のデータを一緒にして月齢別の変化を見ると、０か月では片頬の微笑が多いが、１か月では両頬のものの方が多くなり、２か月ではほとんどが両頬となることがわかりました。

家庭児で眠りながら声を伴った自発的微笑、すなわち「自発的笑い」が９つ記録されました。自発的笑いの平均継続時間は２・１７秒で、自発的微笑より長く、すべて両頬でした。これが正式な最初の自発的笑いの記録になります（なぜなら、これまで「自発的笑い」という概念がなかったのですから）。

この研究は、探索的に始めたものです。自発的微笑の研究方法を模索したようなものです。それでも、自発的微笑が確認され、自発的微笑が月齢とともに変化していくことが明らかになりました。もうひとつ、この研究は *Early Human Development* というどちらかというと医学系で、しかも割合注目される雑誌に掲載されたことが大きかったと思います。掲載が決まったときから、文字通り世界中から問い合わせが来ました。残念ながら、その後に結びついた関係はほんの一部に過ぎませんが、米国のある大学の人類学の講義で必読論文に指定されるなど、引用はされています。自発的笑いについては、読売新聞で２００４年４月17日に記事にしてもらいました(4)。

１−４　ケース・スタディーズ

ひとりを対象にした研究をケース・スタディといいますが、以下にそれを３つ紹介します。ケース・スタディは心理学の中では尊重されてきませんでした。統計が使えないからです。その反動か質的研究がさかんですが、従来の概念を覆すような研究にほとんど出会いません。以下の研究はどうでしょうか？　それぞれAちゃん・Bちゃん・Cちゃんと呼ぶことにしましょう。それぞれのお母さんが、赤ちゃんが眠りについたらビデオで撮影するという方法で、丁寧に半年間自発的微笑の記録を続けてくれました。

Aちゃんは男児で出生時体重２４９０ｇ、妊娠37週３日、アプガー・スコアは出生時、５分後とも10。Bちゃんも男児で、出生時体重２６１０ｇ、妊娠38週６日、アプガー・スコアは出生時９、５分後10。Cちゃんは女児で、出生時体重２７２８ｇ、妊娠38週５日、アプガー・スコアは出生時、５分後ともに９でした。３人とも健康な赤ちゃんといえます[5]。

Aちゃんの撮影は生後６日目から半年間、94日にわたり、18時間４分52秒。Bちゃんは、生まれた日から半年間、１８１日（ほとんど毎日）、３２９時間25分35秒、そしてCちゃんは生後２日から半年間、90日、全18時間19分２秒、記録されました。Bちゃんの場合、全生活時間の７・６％が記録されたわけですが、これはおそらく世界記録でしょう。お母さんも大変でしたが、それを分析した私たちも目がおかしくなりました。

Aちゃんの記録

Aちゃんは、全部で129回、自発的微笑をしました。生後3か月以降は少なくなっていますが、消えてはいません。0か月と1か月では片頬に出たものの方が多かったのですが、それ以降は両頬のものが多くなりました。片頬の左右差はありませんでした。片頬の場合、枕の反対側に出ることがわかりました。半年で5回、自発的笑いが見られました。自発的笑いの平均継続時間は5・32秒（標準偏差4・55）であり、自発的微笑（平均2・98秒、標準偏差1・50）より長いといえました。自発的笑いは、すべて両頬でした。自発的微笑や笑いが群発する時間帯があり、それを7分以内に7回以上とすると全部で7回あり、5つの自発的笑いのうち4つがここに含まれていました(6)。

Bちゃんの記録

Bちゃんは、全部で565回！自発的微笑をしました。特筆すべきは、生後24週にも31回、26週にも24回と消えないことでした。自発的微笑は絶対、新生児微笑ではないのです。平均持続時間は2・57秒（標準偏差1・28）でした。ちょうど500の自発的微笑が方向の判断可能で、358が両頬、142が片頬でした。生後1か月から両頬の微笑の方が多くなりました。片頬の左右差はなく、枕の反対側に多いことはこれまで通りでした。15の自発的笑いがあり、継続時間（平均4・37秒、標準偏差1・89）は自発的微笑より長いといえました。15のうちひとつは方向の判定が不可能でしたがあとの14のうち、ひとつを除いて両頬でした。これまで、多くの自発的笑いを観察してきましたが、現在、片頬は、このひとつだけです。自発的微笑の群発が2つありました。

この論文は *Infant Behavior and Development* という中堅の雑誌に掲載されました(7)。掲載されたことの意味は、発達系の雑誌でもケース・スタディが採用されうること、また私たちが作った自発的笑い（spontaneous laugh：前に書いたように別の意味で使われる場合があります）という術語をタイトルにしたこと、だと思います。

Cちゃんの記録

Cちゃんは、全部で154回自発的微笑をしました。0か月に92もの微笑があり、生後3か月以降は、数がぐんと減ったという特徴があります。Cちゃんの場合、0か月でも両頬の微笑の方が多く出ました。Cちゃんも枕の反対側に微笑が出る傾向にありました。Cちゃんの結果で顕著なのは、自発的笑いの多さで、31回も見られました。平均継続時間は4・31秒（標準偏差1・73）で自発的微笑（平均2・85秒、標準偏差1・22）より長いといえました。自発的笑いは、すべて両頬でした。自発的微笑・笑いの群発は6回あり、31の自発的笑いのうち8つがここに含まれていました。(8)

データが反証した「誤った知見」

3つのケース・スタディで一貫しているのは

①　自発的微笑は生後6か月になっても消えないこと
②　片頬の自発的微笑は、だんだん消えること
③　片頬の自発的微笑は、枕の反対に出ること
④　発声を伴う自発的笑いがあること
⑤　自発的笑いは、ほとんど両頬で、継続時間が長いこと
⑥　自発的微笑（笑い）の群発があること

でしょう。特に①と④は強調したいと思います。自発的微笑は生後数か月で消える、とか、乳児は生後4か月にならないと笑わない、というのは「誤った知見」なのです。自発的微笑と自発的笑いに関しては、産経新聞の連載記事の2004年12月7日と14日分に書かせてもらいました[9]。

1-5 消えない自発的微笑

最後にご紹介するのは、東京都内の保育園での生後1歳前後の子どもたちの観察です[10]。3つのケース・スタディーズで、生後6か月までは自発的微笑が消えないことは明らかになりました。6か月を過ぎても自発的微笑が出るのかどうか、保育園で5人の子どもたちの観察を続けました。生後5か月から19か月の子どもたちです。昼寝の時間に1人につき5回から7回、1回1時間ずつ記録したのです。その結果、5人中4人に、自発的微笑や自発的笑いが見られました。表8がその結果を示しています。15か月を過ぎても自発的微笑は出るし、10か月を過ぎても自発的笑いが出るということです。もちろん成長とともに自発的微笑の頻度は減少しました。自発的微笑の質が変わるのか、今後の検討課題のひとつです。自発的微笑や自発的笑いが

表8　観察日の月齢と日齢（Kawakami, F. et al., 2009）

名前 観察回数	I	Y	R	S	H
1	12.0 (361)	12.0* (359)	11.2 (337)	7.7 (231)	5.7 (172)
2	15.3* (459)	12.4* (373)	12.0 (360)	8.5 (254)	6.7 (200)
3	16.5 (494)	13.4 (401)	14.3 (428)	10.6* (318)	9.5 (284)
4	17.9 (536)	15.1 (453)	14.5 (435)	11.0 (329)	10.4** (312)
5	18.3 (550)	16.2 (485)	15.4 (463)	13.3 (399)	11.6 (347)
6	19.5 (585)	17.1 (513)	18.2 (547)		12.7 (382)
7		19.2 (576)			

*自発的微笑　**自発的笑いが観察された日
上段が月齢を，(　　)内の下段が日齢を示す。

いつまで出るのか、そもそもヒトはいつから夢を見るのか（ヒトしか夢を見ないのか）、夢を見た場合の微笑は自発的微笑といえるのか、……答えはたぶん出ないでしょう。自発的微笑や自発的笑いがこれほど大きな子どもたちにも観察されたことから、未熟な脳のエネルギーの放出、という説は否定されるでしょう。

2　片頬の微笑

片頬の微笑について少し考えます。片頬の自発的微笑は、生後数か月で消えたわけです。ヒトの大脳の右半球が主に情動を、左半球が言語を司っていることとの関連はどうでしょうか。ヒトに近いチンパンジーでも、まだこの左右差は顕著ではないようです（左右差があるという論文もあります）[11]。ただハウザーは、赤毛ザルで、恐怖の表情などは左側の方が右側より時間的に早く出ることを示しました[12]。左側に出るということは、右半球が関連しているということです。またハウザーは、赤毛ザルの表情写真を真ん中で分け、鏡のように右半分のものを左側にもつけて、ひとつの顔を作る、ということをしてみました。そうすると左半分を右にもつけた写真の方が、右半分を左につけたものより、ヒトが見たとき表情が大きく見えました。やはり、右半球がからんでいそうです。

ホロウカたちは、ヒトの乳児で5か月から12か月の微笑と喃語《なんご》を出しているときの口の動きを分析しました[13]。微笑のときは口の左側を開き、喃語のときは口の右側を開いていました。5か月でも、情動は右半球で、言語は左半球で制御しているのではないか、というわけです。

ケース・スタディーズでは左右差が出なかったので、取り上げる必要もないのかもしれません。最初の病院の新生児では、有意ではないものの左頬に多いという結果でした。そもそも片頬の微笑は、次第に消えるわけですので、これ以上議論は広がらないでしょう。

3　私たちが見つけたこと――なぜ自発的微笑はあるのか？

私たちはここまで述べてきたようにいくつかの発見をしました。もちろん、その中のいくつかは、すでにだれかが気づいていたことをはっきりさせた、ということです。

① ニホンザルが自発的微笑すること
② 胎児が微笑すること（これは、すでにいわれて来たことを厳密にした）
③ 自発的微笑は生後すぐに消えない（ウォルフ、島田も指摘）
④ 自発的笑いがある（島田も指摘）

私たちの発見を、どのように考えていったらいいのでしょう。ニホンザルはおとなになると微笑しないのに、自発的微笑だけはある。そしてチンパンジーは自発的微笑も、社会的微笑も社会的笑いもある（自発的笑いはわからない）。ニホンザルの自発的微笑は、進化の過程で芽生えたけれど覚醒時には表出されないようになったのでしょうか。

ヒトの胎児も微笑しています。これまで、自発的微笑は未熟な行動で、生後すぐに消える、そして社会的微笑になっていくのだ、と考えられてきました。でも、実際はそんなに単純ではなく、自発的微笑は生後1年経っても続いているのです。また、ヒトの乳児は生後4か月まで笑わないと考えられてきました。いやいや生まれた直後から笑っているのです（胎内のことはわかりません）。実際の自発的微笑を見た人は、起きているときにほほえむ練習をしているように感じたり、「幸せそう」と感じたり、ただのけいれんのように感じたりするようです。

「なぜ自発的微笑があるのか？」という質問は、一般の方にも心理学者にもよく聞かれることです。これは「なぜうれしいときにヒトは唇の端を上げた笑顔と呼ばれる表情を見せるのか」という疑問とともに、基本的で単純であるにもかかわらず答えられない問いです。私たちがニホンザルの新生児から、ヒトの胎児、新生児、1歳児と見てきた結果からいえることは、単なるけいれんとは考えにくいということです。月齢によって片頬から両頬という形状の変化があり、縦断研究での平均継続時間が3秒近くあり、声を伴う自発的笑いも見られたからです。けいれんではないとすると、赤ちゃんは自発的微笑をすることによって頬の筋肉を刺激し強くして、起きているときの社会的微笑を出しやすくしているのかもしれませんが、結論は出ません。自発的微笑を多くする子は、早くから社会的微笑を見せるとか、多く見せるといったことを示す研究結果が必要でしょう。

私たちの発見は、微笑や笑いの発達の筋道を鮮明にしたのではなく、よくわからなくした、といえそうです。それでいいのではないでしょうか。複雑さをさらに認識したのですから(14)。子どもたちの微笑や笑いも、まだわからないことだらけです。本書の筆者のひとり、川上文人は、幼児期の微笑・笑いの発達について文化差も含めて研究を進めています。それらがまとまれば、本書の続編が誕生することになるでしょう。

第４部
まとめ——微笑とコミュニケーション

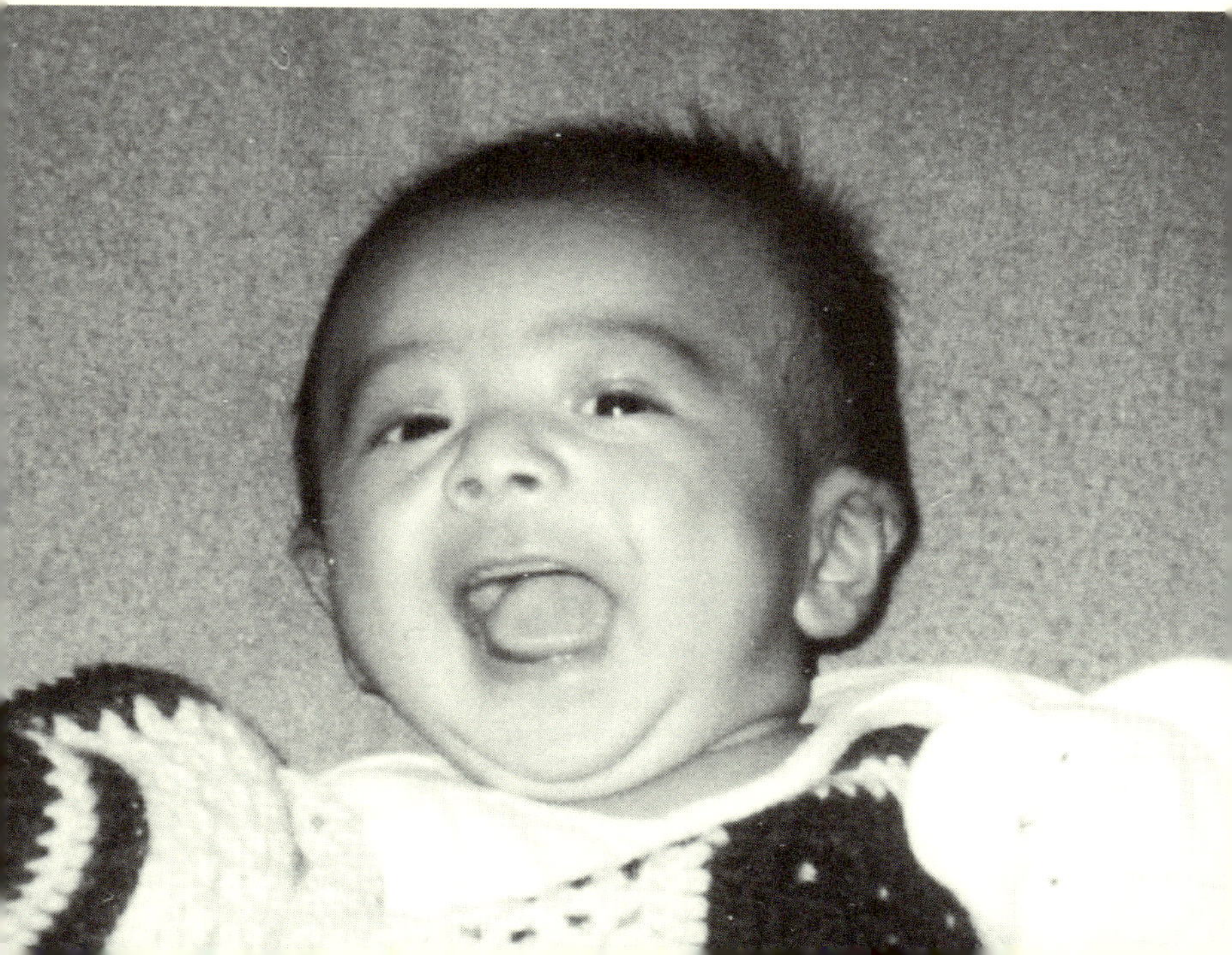

1　目がコミュニケーションに果たす役割

微笑と目が密接に関係していることは、述べてきた通りです。ヒトの目が他の動物の目と大きく異なるのは、白目の部分があることだと考えた小林洋美は、橋彌和秀とともに、さらに考察を深めています(1)。白目があることで、どこを見ているかが明白になるわけですが、その目の構造自体進化しているといいます。目の横幅を縦幅で割った値が、進化とともに大きくなるのです。表9の横／縦がそれを示しています。赤毛ザルは、ほとんどニホンザルと同じと考えられます。表の新皮質の割合というのは、新皮質の量を、全脳量から新皮質の量を引いた値で割ったものです。目の動き率は、手に持って何か食べているときの視線の変化を観察し、視線の方向を変えるために頭は動かさず眼球だけ動かした割合で示しています。残念ながら、赤毛ザルのデータはありません。

小林らは、進化とともに目の構造や動きも変化していることを示しました。霊長類が毛繕い（グルーミング）で仲間関係を維持しているのを、ヒトは直接接触することなく、言語によって毛繕いしているという説を出している人がいます。ダンバーという研究者で、この説を「ボー

表9　目のデータと種（Kobayashi & Hashiya, 2011 より）

	横 / 縦	新皮質の割合	目の動き率
赤毛ザル	1.688	2.6002	なし
チンパンジー	1.824	3.2216	0.243
ヒト	2.778	4.1029	0.544

カル・グルーミング仮説」といいます。小林たちは、これを目で毛繕いしているのではないか、と考察しています（ゲイズ・グルーミング仮説）。興味深い考えです。

ヒトの特徴のひとつは、フェイス・トゥ・フェイスのコミュニケーションをすることでした。コミュニケーションで、目が重要な働きをすることは、いうまでもありません。

2　ヒトのコミュニケーションの特徴

第2部の4－3に出てきたフリードマンは、生まれつき目が見えない子でも、ある時期が来れば社会的微笑を示すと述べています。動物行動学の分野をヒトに広げたアイブル＝アイベスフェルトは、フリードマンにも言及しながら、目が見えないだけでなく耳も聞こえない子どもたちの観察を通して、微笑や泣きなどが生得的であることを主張しました[2]。行動主義では、これらの子どもたちの行動を説明できないというのです。アイブル＝

アイベスフェルトの主張を受け入れやすいのは、微笑や泣きのような基本的な表情ではない、たとえば「当惑」のような表情には、学習が必要かもしれない、と考えている点です。基本的な表情表出は生存に必要だから、生まれつき備わっているというのでしょう。

微笑の進化をまとめたとき、フェイス・トゥ・フェイスのコミュニケーションがヒトの特徴らしいと結論づけました。ただし、バードはフェイス・トゥ・フェイスに重きを置きすぎることも注意していました[3](43頁)。もちろん小林らがいうように、視線は重要でしょう。ただ、それだけでもないと考えられます。視線について考えてみましょう。

2－1　バロン＝コーエンの考え

バロン＝コーエンという自閉児の専門家がいます。彼は、心を読むシステムが図20のように成り立っていると考えました。まず相手がどのような意図を持っているか判断し、視線も検索する。それによって共同注意（第二次間主観性とほぼ同義と考えていいでしょう）が可能になる。そしてさらに、相手に心が働いていることを理解する「心の理論」が獲得される。自閉的な子どもたちは、共同注意が十分にできない。だから心の理論も獲得されにくいのだ、と[4]。

筆者のひとり（川上清文）は、かつて自閉児の遊技療法に参加していました。毎週、担当の

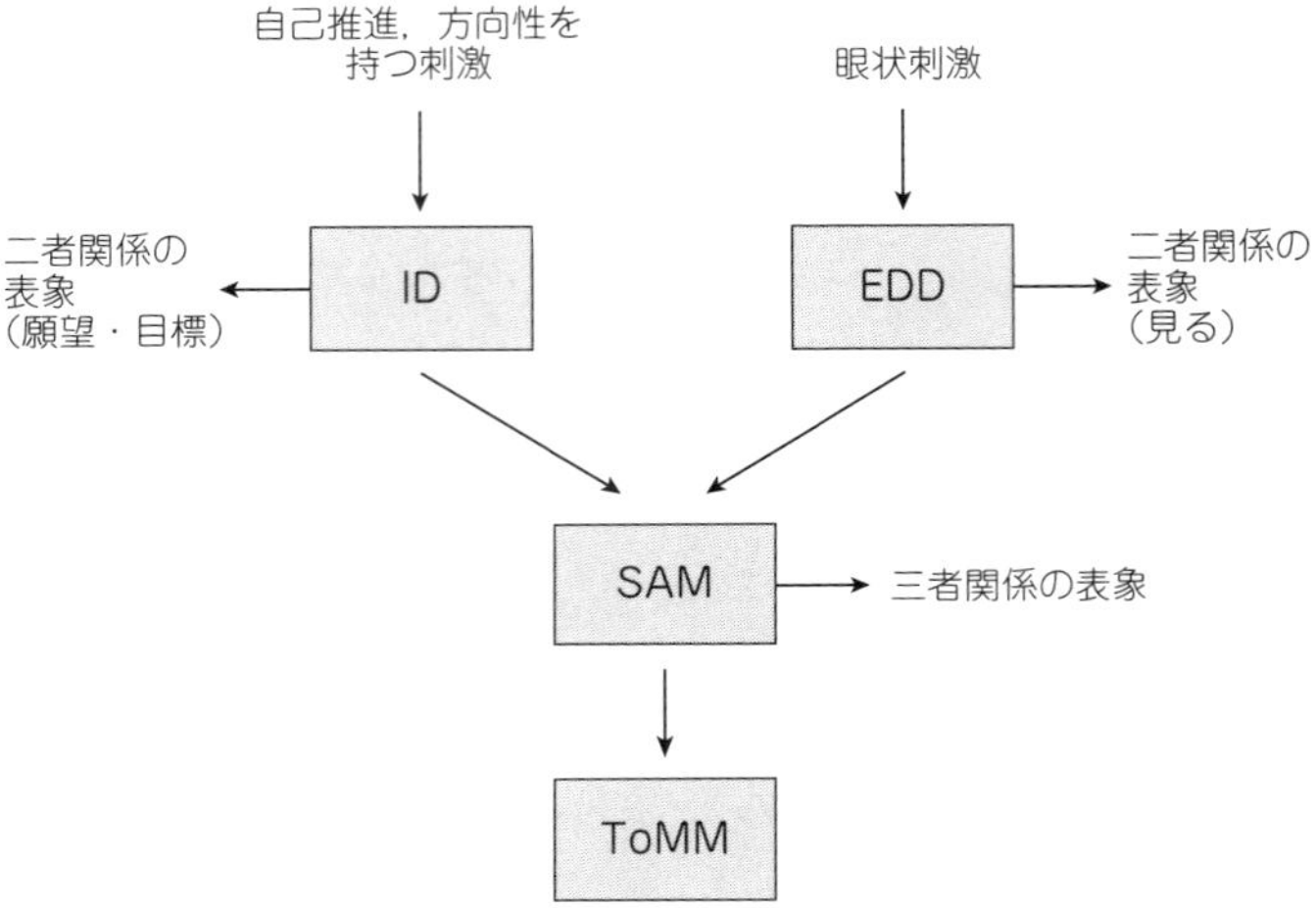

図 20　バロン＝コーエンの「心を読むシステム」のモデル
（バロン＝コーエン，1997／子安，2000 による）

ID：Intentionality Detector　意図検出器
EDD：Eye Direction Detector　視線方向検出器
SAM：Shared Attention Mechanism　共有注意の機構
ToMM：Theory of Mind Mechanism　心の理論の機構

子と遊んでいたのですが、その子は会うとまず筆者の手を取り、流しに連れて行き、水道の蛇口を回させたのでした。クレーン行動と呼ばれているものです。クレーン行動とは何なのだろう、とずっと考えて来ました。

　赤ちゃんたちと遊んでいると、クレーン行動をされたり、ひざの上に座られたりすることがあります。クレーン行動は、考えられてきたように自閉傾向のある子どもしかしない、とはいえそうもありません。おとなのひざの上は、子どもたちが安心して座れる場所のようです。クレーン行動や、ひざの上に座る、という行動の特徴は、おとなと同じ方向を見ているということです。フェイス・トゥ・フェイスではないコミュニケーションです。

3　クレーン行動ではなくハンド・テイキング行動へ

クレーン行動というのは、児童精神科医・牧田清志の命名のようです[5]。そのあたりの事情については花熊らの展望論文があります[6]。つまり日本でしか通用しないのです。では、海外ではまったく研究されていないかというと、Hand-taking gesture（手取り行動）という名前で呼ばれています。ハンド・テイキング行動はゴリラやチンパンジーでも見られることが示されています[7]。

フィリップスらが、以下のような実験をしています[8]。共同研究者には、ゴリラのハンド・テイキングを指摘したゴメスや、前述のバロン＝コーエンも含まれています。家庭や実験室で定型発達児16名（平均25・0か月）、自閉児15名（平均54・1か月）、精神発達遅滞児17名（平均61・0か月）を観察しました。子どもたちは実験者と2人になりました［お母さんがいなくて、大丈夫だったのでしょうか」。おもしろそうだが、自分では取れないおもちゃが用意されていました。結果はどうだったでしょうか。

自閉的な子どもたちは家具に登るなど、物に関わる行動を多く見せました。実験者を見て手を押す、などは定型発達児に多く、自閉児には少ないことがわかりました。指さしなども自閉児には少なかったのです。自閉的な子は相手の目を見ないと考えているバロン＝コーエンも共同研究者に含まれていることもあってか、視線が強調されています。

私たちは22人の定型発達の1、2歳児を対象にして、同様の実験をしてみました。[9] 30分間お母さんと「ここがフィリップスたちとの決定的な違いです。日本の子どもたちの多くは、実験者と2人だけにはなれないでしょう」パズルで遊んでもらい、それを観察するという方法です。クレーン行動は、相手を道具として扱うので、クレーンと呼ばれてきました。それに対して、私たちは、「手または腕を持ち、どちらかの方向に動かすこと」とハンド・テイキングを定義しました（図21参照）。わずか30分なのですが、22名中10名が合計で31回ハンド・テイキング行動を見せました。このような行動は、自閉的な子どもたちにしか見られないわけではないのです。

この行動を分析するといくつも興味深い点が出てきました。たとえば、ある子はお母さんのひざに座り、右手でお母さんの右手を、左手でお母さんの左手を持ち、両手を合わせたのです。

図21　ハンド・テイキング行動（上）と「ひざの上」のハンド・テイキング行動（下）

これは母親を道具として扱っているのではなく、母親に甘えているのです（図21・下参照）。31回のうちフェイス・トゥ・フェイスは1回だけ、18回はひざの上でした。これも、ある種の甘えです。言語を伴うものが、8回ありましたが、「（パズルの場所を）捜して」「ここ」「立って」などでした。自分にはできないけれど、お母さんならできるということがわかっているのです。どこが、クレーンでしょう。この行動にいたるには、子どもは驚くほど多くのことをしなくてはなりません。目の前にある課題の難易度の判断、自分の能力の判断、母親と自分の能力差の判断といった過程を経る必要がありますし、何より母親と一緒にやりたい、やってもらいたいという様子が見られます。これを単に人を道具として扱うクレーン行動と見ることができるでしょうか？　クレーンの方がいいやすいですが、人として扱っているわけですからハンド・テイキング行動の方が適しているでしょう。

なお、この実験については毎日新聞の2010年6月4日朝刊に取り上げてもらいました。[10]

4　視線ではなく関係

生まれつき目が見えない子どもたちもほほえむ、とアイブル＝アイベスフェルトはいったわけです。[2] 共同注意のとき、子どもは相手の視線をどのくらいチェックするのでしょうか。このあたりは研究の必要性がありそうです。ハンド・テイキングについては、前述の通りです。視線はほとんど関係ありません。子どもたちは、おとなとの関係に確信をもっているように思われます。

対人関係を表す術語として、小嶋秀夫は、「関係そのもの」ということばを使いました。[11] 教育学の村井実は、「相互性」といっています。[12] 目が見えない子でも、知っている人にはほほえむ、ひざに座る、などは、これらのことばで表せるかもしれません。前述のようにトレヴァーセンは、フェイス・トゥ・フェイスの関係を「第一次間主観性」、生後８か月頃からの物をはさんだ三者関係を「第二次間主観性」と呼びました。[13] この「間主観性」もあてはまるでしょう。

5　基本的信頼

フロイトの流れをくむエリクソンは、乳児期の対人関係で最も重要なことは、親密な相手との基本的信頼を形成することだ、と考えました。[14] エリクソンの理論すべてを採用するというのではありませんが、この基本的信頼という概念は参考になるかもしれません。

エリクソンに、

「赤ん坊は家族から支配されると同時に、その家族をも支配し、育てている。事実、家族は赤ん坊によって育てられながら赤ん坊を育てていると言ってよい。どのような反応形式が生物学的に与えられていようと、どのような日程が発達的に前もって予定されていようとも、

それらは一連の変化する相互調節の形式の可能性であると考えねばならない。」(82頁)
ということばがあります。決しておとなから子どもへの一方的な視点ではなく、相互的なのです。

ヒトは、微笑する能力をもって生まれてくる。基本的信頼が形成されている状況だとそれが、社会的微笑に発展していく、といえるのではないでしょうか。

6 「社会的」と「対人的」

ここまで人に向かっての微笑を一般的に使われている用語通り「社会的微笑」と呼んできました。最後に、このあいまいな用語に替わり「対人的微笑」「対人的笑い」という用語を提案したいと思います。第1部3-12に、かつての第1筆者の社会的微笑の定義について述べました(44頁)。そこでは「社会的」は「人を見つめている」ということでした。あいまいさは少ないですが、限定しすぎの感があります。複数の観察者が「人に向かっている」と評定すれば、そのように認めることにして、それを「対人的」と呼ぶのはどうでしょうか。最後に、この

「対人的」を採用して、私たちのデータをまとめ、微笑と笑いの発達を図示してみたいと思います。

7　微笑と笑いの発達——胎児期から生後1年まで

図22をご覧ください。まず胎児期です。胎児期の微笑は、すでに出生後の対人関係を作る能力を備えていることを意味しているのではないでしょうか。羊水の中で生活しているため、笑っているかどうかわかりません。しかし、その可能性は秘めていて、それは情動の発端といえるでしょう。

誕生とともに他者との関係が出てきます。最初は他者からの働きかけの方が多いでしょう。でも生後1か月くらいになると、他者との関係は双方向的になります。生後8か月くらいになると「自己」に目覚め始め、重要な他者には基本的信頼をもちます。逆に、見知らぬ他者は避けるようになります。自発的微笑や自発的笑いの頻度は減少していきます。生後12か月くらいになると、対人的微笑や対人的笑いが分化・統合されてくるでしょう。この分化と統合については本書の範囲を超えています。いずれ第3筆者がまとめます。

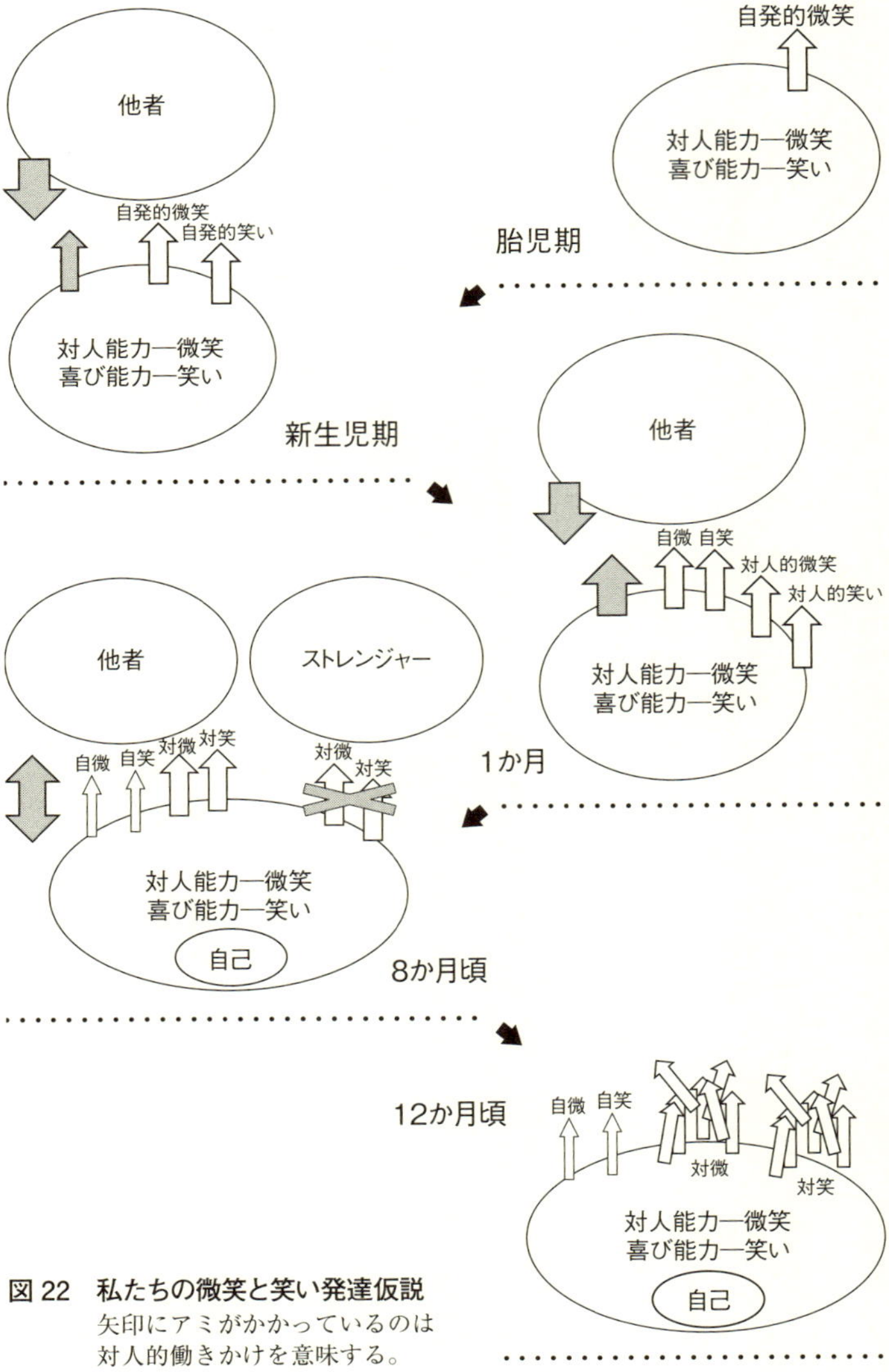

図 22　私たちの微笑と笑い発達仮説
矢印にアミがかかっているのは
対人的働きかけを意味する。

２００９年夏、欧州発達心理学会に出席した帰りの飛行機で偶然手にした新聞に、自閉的な子どもの支援団体の広告がありました。「生後６か月までに大きな微笑や喜びの表情を表さない、生後12か月までに喃語を発しない、16か月までにひとことも話さない、そういう場合、何かのサインかもしれません」という内容です。(15) 微笑を探究することが、いつか自閉的な子どもたちの理解につながるといいのですが。

８　微笑とふれあい（結語）

家の近くの教会の入口の掲示板を見たら、本書の結論の要点を既に述べている人がいるようです。マザーテレサです。偉大な宗教家は、やはり優れた観点をもっているということでしょう。

「人間のほほえみ、人間のふれあいを忘れた人がいます。これはとても大きな貧困です」

謝辞

次の方々に心から感謝いたします（敬称略）。

＊共同研究者の方々
友永雅己、鈴木樹理、岡井崇、日下富美代、鈴木真、清水幸子、矢内原巧
＊研究協力者の方々
たくさんの赤ちゃんとご両親たち、後藤智子、木島杏子、メリー・ブリッシュ、ジョン・ネズビット、増田直衛、南徹弘、ジャッキー・マスト、小山孝子、寺村圭子、佐住彰文、大竹節子、境恵子、昭和大学病院産婦人科、亀田メディカルセンターＮＩＣＵ、都内Ｎ保育園、京都大学霊長類研究所
＊写真などの使用許可をいただいた機関
日本周産期・新生児医学会雑誌編集委員会、人間環境学研究会

あとがき

聖心女子大学には、欧米の大学にはもちろんのこと、日本の大学にも導入されているサバティカル制度があります。本来は7年に一度休息を取り、頭と身体をリフレッシュして、またよい研究・教育をする、という意味でしょう。7年に一度は無理なのですが、第1筆者は2011年度、3回目のサバティカル・イヤーをいただきました。この制度を保持している聖心女子大学と、この制度を確立した先輩諸氏に心から感謝します。また、聖心女子大学の心理学研究室のスタッフ、教職員の方々にもお礼を申し上げます。第1筆者の代わりに授業をしてくださった、遠藤利彦・石井佑可子・大森貴秀の皆さんにも。本書を完成できたのは、サバティカルのおかげですし、本書は研修成果の一部として、いい内容であるべきです。読者からみていかがでしょうか。

本書は、まず第1筆者があらすじを描き、第2・3筆者が肉付けや訂正をするという方法で書き進めました。さらに新曜社の編集者・田中由美子さんとの、数え切れないやりとりの中で形づくられていきました。田中さんは、第4筆者というべき存在です。また新曜社の塩浦暲さんは、本書の出版意義を認めてくださいました。

マイケル・ルイス教授と筆者らの関係については、本文でも触れていますので繰り返しません。序文を書いてくれたことを本当にありがたいと思います。

長年の共同研究者でもある京大霊長研の友永雅己さんは、忙しいのに原稿を読んで、訂正すべき点、意見などを送ってくれました。意見などを全部活かせていませんし、もちろん文責は筆者らにあります。また友永さんがいなかったら、私たちがニホンザルの自発的微笑などを発見することはなかったでしょう。

安田幸一・篠田丈晴・足立旬子・岸本佳子さんなどの新聞各社の方々も、私たちの研究を評価し、記事にしてくださいました。これらの記事のおかげで、微笑研究の社会的意義を感じることができたのです。戦争や災害の記事の中で、微笑の写真が新聞第一面を飾ったのは印象的でした。

イタリアで本書の完成を待っているマルコ・ドンディさんにも感謝します。第1筆者は、2011年度、彼のいるフェラーラ大学で研修するはずでした。諸事情で予定は変更されてしまいましたが、共同研究は実現したいものです。

本書は、私たちにしか書けない（書かない）第3部と第4部だけで構成したかったのですが、私たちの研究の位置づけを明らかにするために研究史をつけました。それも文献展望を意図していませんので、文献が網羅されているわけではなく、私たちから見た重要論文紹介です。展望論文に自分たちの研究が引用されているのを読んでみると、私たちの研究結果なのにそこに書かれた解釈が私たちと異なることがあります。本書でも、誤解や誤読している点もあろうかと思います。ご指摘いただけると幸いです。

私たちの研究をまとめた第3部は、もっと詳しい説明が必要かもしれません。すべて論文にまとめてありますので、読みやすさを重視して、ここでは要点のみにとどめました。

研究するというのは、とても楽しい仕事ですが、大変な時間と労力を要します。特にデータの分析は、限りなく根気のいる作業です。しかし、多くの方々のご協力のおかげでデータをえていること、何よりも微笑という魅力的なテーマを対象にしていることで、私たちは研究を続けることができました。本書には微笑の写真を限られた枚数しか載せることができませんでしたので、いつか赤ちゃん微笑の写真集を作る夢をもっています。

多くの能力を与えられたヒトという生物が、それゆえに数知れない過ちを続けてきたこと。

この点を否定することはだれにもできないでしょう。ヒトに与えられた能力のひとつが微笑であり、それが私たちの生活に潤いをもたらしています。その起源について、本書が少しでも迫ったことを期待して、本書を協力してくれた子どもたちとその両親に捧げます。

川上清文、高井清子、川上文人

2012年3月17日

文献・注

以下、引用文献を「＊」で、参考文献を「+」で表します。「・」はコメントです。

はじめに

（1）＊Wolff, P. H. (1987) *The development of behavioral states and the expression of emotions in early infancy.* Chicago: The University of Chicago Press.

（2）＊ホール、E.（1974）人間・この無知なるもの：ティンバーゲンとの対話『人間・この未知なるもの』4　ダイヤモンド・タイム社　16-27頁

第1部　微笑の進化

（1）＊Spock, B. (1976) *Baby and child care.* NY: A Gulf + Western Company.

（2）＊松田道雄（1980）『新版・育児の百科』岩波書店

（3）＊毛利子来・山田真（2007）『育育児典・暮らし編』岩波書店

（4）＊ダーウィン（1931）『人及び動物の表情について』（浜中浜太郎訳）岩波文庫

（5）・浜中訳では大顴骨筋《だいけんこつきん》ですが、大頬骨筋《だいきょうこつきん》と訳すのが普通です。

（6）＊Ruch, W. & Ekman, P.（2001）The expressive pattern of laughter. In Kaszniak, A.（ed.）*Emotions, qualia, and consciousness*. Singapore: World Scientific. pp.426-443.

（7）＊Ekman, P., Friesen, W. V., & Hager, J. C.（2002）*Facial action coding system: The manual on CD ROM*. Salt Lake City: Research Nexus Division of Network Information Research Corporation.

＊Ekman, P. & Friesen, W. V.（2003）*Unmasking the face: A guide to recognizing emotions from facial clues*. Cambridge: Malor Books.

（8）＊エクマン（2006）『顔は口ほどに嘘をつく』（菅靖彦訳）河出書房新社

（9）＊高井清子・川上清文・岡井崇（2008）自発的微笑・自発的笑いの発達（第2報）：生後2日目～6か月までの1事例を通して『日本周産期・新生児医学会雑誌』44, 74-79.

（10）＊高井清子（2005）自発的微笑・自発的笑いの発達：生後6日目～6か月までの事例を通して『日本周産期・新生児医学会雑誌』41, 552-556.

（11）＊Izard, C. E.（1983）*The maximally discriminative facial movement coding system*. Newark: Instructional Resources Center, University of Delaware.

・筆者のひとり（川上清文）は、マイケル・ルイスの研究所で共同研究したとき、同僚のダッグ・ラムジーとMAXを使おうと試みました。デモ・ビデオの中で軽蔑の評定のときダッグが笑って、「こんな表情見たことがない」といい、「これは、むずかしい」とあきらめの表情をしたのを覚えています。

(12)＋宮本美沙子（1983）情緒　三宅和夫ほか（編）『児童心理学ハンドブック』金子書房　785-808頁

(13)＊ランベーン（2003）『ドッグ・スマイル』（西山智子訳）アスペクト

(14)・京都大学霊長類研究所の友永雅己さんは、個人的には犬は笑うと思っているそうです。

(15)＊「笑うだけでいいんだよ」2011年1月6日　朝日新聞朝刊

(16)＊ローレンツ、K. Z.（1974）知識の源泉としてのアナロジー、1973年度ノーベル賞受賞記念講演『自然』10, 28-35.

(17)＊松沢哲郎（1995）『チンパンジーはちんぱんじん』岩波ジュニア新書

＊松沢哲郎（2000）心の進化　松沢哲郎・長谷川寿一（編）『心の進化』岩波書店　11-20頁

(18)＊van Hooff, J. A. R. A. M.（1972）A comparative approach to the phylogeny of laughter and smiling. In Hinde, R. A.（ed.）, ***Non-verbal communication.*** Cambridge: Cambridge University Press. pp.209-241.

(19)＊Waller, B. M. & Dunbar, R. I. M.（2005）Differential behavioural effects of silent bared teeth display and relaxed open mouth display in chimpanzees（***Pan troglodytes***）. ***Ethology,*** 111, 129-142.

(20)＊松沢哲郎（1995）『チンパンジーはちんぱんじん』岩波ジュニア新書

(21)＊Preuschoft, S.（1992）“Laughter” and “smile” in Barbary Macaques（***Macaca sylvanus***）. ***Ethology,*** 91, 220-236.

（22）＊Preuschoft, S.（2000）Primate faces and facial expressions. *Social Research*, 67, 245-271.

（23）＊Gervais, M. & Wilson, D. S.（2005）The evolution and functions of laughter and humor: A synthetic approach. *The Quarterly Review of Biology*, 80, 395-430.

（24）＊Pepperberg, I. M.（1999）*The Alex studies: Cognitive and communicative abilities of grey parrots.* Cambridge: Harvard University Press.

（25）＊松阪崇久（２００８）笑いの起源と進化『心理学評論』51, 431-446.

（26）＋リゾラッティ＆シニガリア（２００９）『ミラーニューロン』（柴田裕之訳）紀伊國屋書店

＋イアコボーニ（２００９）『ミラーニューロンの発見』（塩原通緒訳）早川書房

＊安西祐一郎（２０１１）『心と脳：認知科学入門』岩波新書

（27）＊Wild, B., Rodden, F. A., Grodd, W., & Ruch, W.（2003）Neural correlates of laughter and humour. *Brain*, 126, 2121-2138.

＊ＢＢＣドキュメンタリー特選（１９９８）『人間はなぜ笑う・ＡＤＨＤにおける笑いと遊びの効果』丸善

（28）＊苧阪直行（２０１０）『笑い脳』岩波科学ライブラリー

（29）＊Panksepp, J.（1998）*Affective neuroscience: The foundations of human and animal emotions.* NY: Oxford University Press.

＊Panksepp, J., Burgdorf, J., & Gordon, N.（2001）Toward a genetics of joy: Breeding rats for "laughter". In Kaszniak, A. (ed.), ***Emotions, qualia, and consciousness.*** Singapore: World Scientific. pp.124-136.

＊ＢＢＣドキュメンタリー特選（１９９８）『人間はなぜ笑う・ＡＤＨＤにおける笑いと遊びの効果』丸善

(30)＊「あっ！　笑った」２００１年11月16日　読売新聞朝刊

(31)＊川上清文・友永雅己・高井清子・水野友有・鈴木樹理（２００３）ニホンザル新生児における自発的微笑　友永雅己ほか（編著）『チンパンジーの認知と行動の発達』京都大学学術出版会　３２２-３２６頁

(32)＊川上文人（２００９）自発的微笑の系統発生と個体発生『人間環境学研究』7, 67-74.

(33)＊水野友有・田中正之・友永雅己・松沢哲郎・竹下秀子（２００３）チンパンジー新生児における自発的微笑の発達的変化　友永雅己ほか（編著）『チンパンジーの認知と行動の発達』京都大学学術出版会　56-58頁

＋Mizuno, Y., Takeshita, H., & Matsuzawa, T. (2006) Behavior of infant chimpanzees during the night in the first 4 months of life: Smiling and sucking in relation to behavioral state. *Infancy*, 9, 221-240.

(34)＋本川達雄（１９９２）『ゾウの時間ネズミの時間』中公新書

(35)＊Hauser, M. D. (1993) Right hemisphere dominance for the production of facial expression in monkeys. *Science*, 261, 475-477.

(36) ＊Bard, K. M. (2005) Emotions in chimpanzee infants: The value of a comparative developmental approach to understand the evolutionary bases of emotion. In J. Nadel & D. Muir (eds.), ***Emotional development: Recent research advances***. Oxford: Oxford University Press. pp.31-60.

(37) ＊松沢哲郎（２０００）『チンパンジーの心』岩波現代文庫

(38) ＊Kawakami, K., Kawakami, F., Tomonaga, M., Kishimoto, T., Minami, T., & Takai-Kawakami, K. (2011) Origins of a theory of mind. ***Infant Behavior and Development***, 34, 264-269.

(39) ＊Hrdy, S. (2009) ***Mothers and others: The evolutionary origins of mutual understanding***. Cambridge: The Belknap Press of Harvard University Press.

(40) ＊川上清文（１９８９）『乳児期の対人関係』川島書店

(41) ＊松沢哲郎（２００５）まなざしと微笑みの進化『科学』75, 11, 1278-1283.

第２部　微笑の発達

(1) ＊丹羽淑子（１９７４）R. A. スピッツ　古賀行義（編）『現代心理学の群像』協同出版　２４７-２６１頁

(2) ＊Spitz, R. & Wolf, K. M. (1946) The smiling response: A contribution to the ontogenesis of social relations. *Genetic Psychology Monographs*, 34, 57-125.

・個人的な体験ですが、本書の筆者のひとり（川上清文）が乳児の研究をするきっかけになったのが、ローレンツの『鏡の背面』に出てくるスピッツの実験でした。こんなおもしろい研究をした人がいるんだ、論文を読んでみようと思ったのです。そして日本でその追試をしている丹羽淑子という人がいる、お会いしたい、と思ったのです。丹羽の研究については、後述します。

＋ローレンツ、K.（１９７４）『鏡の背面』上（谷口茂訳）思索社

＋スピッツの論文要旨は、丹羽淑子（編）（１９９３）『母と乳幼児のダイアローグ』山王出版　を参照。また、スピッツについては、川上清文（２０１１）微笑・笑いを通して発達を知る　鳥居修晃ほか（編）『心のかたちの探究』東京大学出版会　83-１０２頁　も参照。

（３）・２０１１年10月、本書の筆者ら（川上清文、文人）はアイスランドでの学会に参加し、アメリカで子どもクリニックを経営しているジャッキー・マストに会いました。彼女に関しては、またリプシットのところで説明します。彼女は「今でも多くの親は自発的微笑を引き起こすのはガスだというのよ。そのとき、あなたたちの論文を見せて説明しているの」といっていました。

（４）＋喪の仕事については、小此木啓吾（１９７９）『対象喪失』中公新書　を参照。

（５）＊Wolff, P. (1959) Observations on newborn infants. *Psychosomatic Medicine*, 21, 110-118.

・本書の筆者のひとり（川上清文）は、修士論文の結果を英語でまとめました。今から思うと何とも大胆なことですが、それを尊敬するウォルフに送ったのです。丁寧なお礼状が来て、これは川上の宝物のひとつです。今ならメールでしょうが、メールはプリントしても宝物にならない気がします。

何より、世界的研究者の駆出しの院生に対する温かさがありがたかったのです。

＋Kawakami, K.（1978）A longitudinal study of the socialization process in early infancy.『慶應義塾大学大学院社会学研究科紀要』18, 39-45.

（６）＊斎藤晃（２０１１）睡眠と覚醒のステイト　無藤隆・子安増生（編）『発達心理学Ⅰ』東京大学出版会　１８０-１８７頁

＊Prechtl, H. F. R.（1977）***The neurological examination of the full term newborn infant***（2nd ed.）. London: William Heinemann Medical Books Ltd. (for) Spastics International Medical Publications.［栄島和子訳、内藤寿七郎監修（１９７９）『新生児の神経発達』日本小児医事出版社］

（７）＊Wolff, P. H.（1987）***The development of behavioral states and the expression of emotions in early infancy.*** Chicago: The University of Chicago Press.

（８）＊Wolff, P. H.（1963）Observations on the early development of smiling. In B. M. Foss（ed.）, ***Determinants of infant behavior 2.*** London: Methuen. pp.113-138.

（９）＊Nakayama, H.（2010）Development of infant crying behavior: A longitudinal case study. ***Infant Behavior and Development***, 33, 463-471.

（10）＊Ambrose, J. A.（1961）The development of the smiling response in early infancy. In B. M. Foss（ed.）, ***Determinants of infant behavior 1.*** London: Methuen. pp.179-201.

＋Ambrose, J. A.（1963）The concept of a critical period for the development of social responsiveness in early human infancy. In B. M. Foss (ed.), ***Determinants of infant behavior 2.*** London: Methuen. pp.201-225.

（11）・２０００年頃、アメリカのマストという人からメールが来ました。「私はニューイングランドで乳児の学会を主催している。２００１年の学会であなた（川上清文）に発表してもらいたいのだが」というのです。私たち家族は、２００２年にニュージャージー州のマイケル・ルイスの研究所に１年滞在することになっていたので、次の年を提案し、予定されました。ところが２００２年の学会は、あの９・11の影響で中止されたのです。私たちは、ニューイングランド行のチケットまで用意したのに、ぎりぎりの決定でした。結局、ジャッキー・マストとはメールの交換だけで月日が流れました。

前述のように２０１１年10月、ついに川上清文と文人はアイスランドでジャッキーに会いました。２００２年のことを話したら、感極まって涙ぐみ「実は、多くの人たちに申し訳なくて、あのあと病気になった」というのです。主催者として、大変な思いをしたのでしょう。ところで、「なぜあなたは、私（川上清文）を学会に呼ぼうとしたの？」と聞いたら、リプシットが名前を挙げたというのです。当時、私たちはストレスの研究をしていて、リプシットが創刊した***Infant Behavior and Development***にも論文を載せていたからでしょう。うれしいことです。

（12）Gewirtz, J. L.（1965）The course of infants smiling in four child-rearing environment in Israel. In B. M. Foss (ed.), ***Determinants of infant behavior 3.*** London: Methuen. pp.205-248.

(13) ＊Freedman, D.（1965）Hereditary control of early social behavior. In B. M. Foss（ed.）, *Determinants of infant behavior 3*. London: Methuen. pp.149-159.

＋安藤寿康（２０００）『心はどのように遺伝するか』講談社ブルーバックス

(14) ＊Freedman, D.（1974）*Human infancy: An evolutionary perspective*. Hillsdale: LEA.

＊Freedman, D.（1979）*Human sociobiology: A holistic approach*. NY: The Free Press.

(15) 丹羽淑子（編）（１９９３）『母と乳幼児のダイアローグ：ルネ・スピッツと乳幼児心理臨床の展開』山王出版

(16) Sroufe, L. A. & Wunsch, J. P.（1972）The development of laughter in the first year of life. *Child Development*, 43, 1326-1344.

(17) ＊丹羽淑子（１９６１）乳児期における対象関係の初発と発達の研究『精神分析研究』8, 8-19.

・筆者のひとり（川上清文）は、１９７５年の丹羽からの葉書を大切にしています。

「ふたつの論文［何かは?］興味深く拝読しました。最近の観察記録とくに心をとらわれました。私は直接観察（自然場面）の価値をとくに最近再評価している者です。」

パイオニアに育てていただいたのです。

(18) ＊島田照三（１９６９）新生児期、乳児期における微笑反応とその発達的意義『精神神経学雑誌』71, 741-756.

(19) ＊高橋道子（１９７３）新生児の微笑反応と覚醒水準・自発的運動・触刺激との関係『心理学研究』

44, 46-51.
(20)＋高橋道子（１９９５）『微笑の発生と出生後の発達』風間書房
(21)＊Emde, R. N., McCartney, R. D., & Harmon, R. J.（1971）Neonatal smiling in REM states, Ⅳ: Premature study. *Child Development*, 42, 1657-1661.
(22)＊Sroufe, L. A. & Waters, E.（1976）The ontogenesis of smiling and laughter: A perspective on the organization of development in infancy. *Psychological Review*, 83, 173-189.
(23)＋岡本夏木（１９７７）ピアジェの知能の発生的段階説　村井潤一（編）『発達の理論』ミネルヴァ書房　65-１１６頁
(24)＊Ruch, W. & Ekman, P.（2001）The expressive pattern of laughter. In A. Kaszniak（ed.）, *Emotions, qualia, and consciousness*. Singapore: World Scientific. pp.426-443.
(25)＊Lewis, M. & Brooks, J.（1975）Infants' social perception: A constructivist view. In L. B. Cohen & P. Salapatek（eds.）, ***Infant perception: From sensation to cognition. Vol.2.*** NY: Academic Press. pp.101-148.
(26)・１９８０年3月11日付けのルイスから第1筆者への最初の手紙を要約すると次のようになります。「あなたの〝社会的〟か〝社会的でない〟か、という行動の分け方はとても興味深く、私の理論とも一致します。ただ、それは乳児期初期には有効ですが成長とともに別の観点が必要になります。私の自己の発達に関する著作は、社会的・心理的観点からの考察と、〝社会的〟と〝社会的でない〟

を議論するとき自己と他者の知識がいかに必要か、の分析を試みたものです。あなたが生後3か月頃と8か月頃に発達の節目があると考えているのも、重要だと思います。特に後者は、自己や物の永続性の獲得と結びつきます」

ルイスとの交流も30年を越えたわけです。

＋川上清文（１９８９）『乳児期の対人関係』川島書店

(27)＋川上清文・高井－川上清子（２００３）『乳児のストレス緩和仮説』川島書店

(28)＊Messinger, D. S., Fogel, A., & Dickson, K. L.（1999）What's in a smile? *Developmental Psychology*, 35, 701-708.

(29)＊Messinger, D. S., Fogel, A., & Dickson, K. L.（2001）All smiles are positive, but some smiles are more positive than others. *Developmental Psychology*, 37, 642-653.

(30)＊Messinger, D., Dondi, M., Nelson-Goens, G. C., Beghi, A., Fogel, A., & Simion, F.（2002）How sleeping neonates smile. *Developmental Science*, 5, 48-54.

(31)＊Dondi, M., Messinger, D., Colle, M., Tabasso, A., Simion, F., Dalla Barba, B., & Fogel, A.（2007）A new perspective on neonatal smiling: Differences between the judgments of expert coders and naïve observers. *Infancy*, 12, 235-255.

(32)＊Messinger, D. & Fogel, A.（2007）The interactive development of social smiling. In R. V. Kail (ed.), *Advances in child development and behavior Vol. 35.* Amsterdam: Elsevier. pp.327-366.

（33）・本書の筆者のひとり（川上清文）が最初にこの話を聞いたのは、岡本夏木の講演でした。もっと知りたくて、岡本に論文を送ってもらいました。いまだに大切に保管してありますが、これも英語で発表されれば、「共同注意」などという言葉よりも、岡本の言葉が使われていたかもしれません。

＋岡本夏木（1965）言語機能の成立過程　そのⅡ：会話的行動の成立『京都学芸大学紀要』シリーズA 27, 73-80.

（34）＊トレヴァーセン、C．ほか著（2005）『自閉症の子どもたち』（中野茂ほか監訳）ミネルヴァ書房

（35）＊Dondi, M., Agnoli, S., & Franchin, L.（2010）A new look at the very early origins of smiling. In P. Spinozzi & A. Zironi（eds.）, ***Origins as a paradigm in the sciences and in the humanities***. Göttingen: V & R Unipress. pp.131-146.

・ドンディにこの箇所を英語にして送り、ぜひ本書の序文を書いてくれ、と頼みました。「このように評価してくれてうれしい。序文を書くのは荷が重い。ただ、この本が一日も早く英語で出版されることを期待する」ということでした。

（36）・霊長研の友永さんは、情動があるとデュシャンヌになることは認めるが、デュシャンヌなら情動を伴うとはいえないのではないか、と考えています。確かに簡単ではありません。

（37）＊Hepper, P.（2007）Prenatal development. In A. Slater & M. Lewis（eds.）, ***Introduction to infant development***（2nd ed.）. Oxford: Oxford University Press. pp.42-62.

+川上清文・高井清子（印刷中）胎児期『新・発達心理学ハンドブック』福村出版

(38) * Kurjak, A. (2004) Structural and functional fetal brain development studied by 3D and 4D sonography. *Journal of Japan Society of Perinatal and Neonatal Medicine*, 40, 627-649.

(39) * Piontelli, A. (2010) ***Development of normal fetal movement: The first 25 weeks of gestation***. Italy: Springer-Verlag.

(40)・あくびの伝染は共感能力を示すものとして注目されています（ドゥ＝ヴァール、２０１０)。

+ドゥ＝ヴァール、F．（２０１０）『共感の時代へ』（柴田裕之訳）紀伊國屋書店

(41) * Oster, H. (2005) The repertoire of infant facial expressions: An ontogenetic perspective. In Nadel, J. & Muir, D. (eds.), ***Emotional development: Recent research advances.*** Oxford: Oxford University Press. pp.262-292.

第３部　私たちの研究

(1) *「胎児の微笑」２００９年12月30日　読売新聞朝刊

*「編集手帳」２０１０年１月５日　読売新聞朝刊

*川上文人（２００９）自発的微笑の系統発生と個体発生『人間環境学研究』7, 67-74.

・なお、23週の胎児微笑の動画は、「現代心理学　発達と支援　胎児期～幼児期」ＤＶＤ第３巻『胎児・新生児の育ちを見守る支援』（指導）高井清子（サン・エデュケーショナル、２０１１）に、

30週の微笑は同第2巻『胎児・新生児の心の世界』（指導）川上清文、に収録されています。

（2）＊Kawakami, K., Takai-Kawakami, K., Kawakami, F., Tomonaga, M., Suzuki, M., & Shimizu, Y. (2008) Roots of smile: A preterm neonates' study. *Infant Behavior and Development*, 31, 518-522.

（3）＊Kawakami, K., Takai-Kawakami, K., Tomonaga, M., Suzuki, J., Kusaka, F., Okai, T.（2006）Origins of smile and laughter: A preliminary study. *Early Human Development*, 82, 61-66.

（4）＊「生後間もない乳児でも　睡眠中にアハハ」２００４年4月17日　読売新聞朝刊

（5）・第1筆者と第2筆者は、『発達心理学ハンドブック（初版）』福村出版において、妊娠期間（gestational age）と在胎期間（conceptional age）を区別すべきと注意を促しました。最終月経初日から起算したものが前者で、最終月経初日から受精までの妊娠していない期間を除いたのが後者です。妊娠週数マイナス２週が在胎週数ということです。困ったことに、欧米の心理学テキストのほとんどは後者を用いていますが、日本の臨床現場では前者を用いています。私たちは、きちんと統一して論文を書いてきたつもりですが、あとから見ると間違えていた場合があります。

＋真柄正直（著）室岡一（改訂）（１９８４）『最新産科学・正常編』（改訂第19版）文光堂

＋川上清文・高井清子（１９９２）胎児期　東洋ほか（編）『発達心理学ハンドブック』福村出版　４１６-４２９頁

（6）＊高井清子（２００５）自発的微笑・自発的笑いの発達：生後6日目〜6か月までの事例を通して『日本周産期・新生児医学会雑誌』41, 552-556.

（7）＊Kawakami, K., Takai-Kawakami, K., Tomonaga, M., Suzuki, J., Kusaka, F., & Okai, T.（2007）Spontaneous smile and spontaneous laugh: An intensive longitudinal case study. ***Infant Behavior and Development***, 30, 146-152.

（8）＊高井清子・川上清文・岡井崇（２００８）自発的微笑・自発的笑いの発達（第２報）：生後２日目～６か月までの１事例を通して『日本周産期・新生児医学会雑誌』44, 74-79.

（9）＊「新・赤ちゃん学、私の研究室から：自発的微笑」２００４年12月７日　産経新聞朝刊

＊「新・赤ちゃん学、私の研究室から：自発的笑い」２００４年12月14日　産経新聞朝刊

（10）＊Kawakami, F., Kawakami, K., Tomonaga, M., & Takai-Kawakami, K.（2009）Can we observe spontaneous smiles in 1-year-olds? ***Infant Behavior and Development***, 32, 416-421.

（11）＋Gannon, P. J., Holloway, R. L., Broadfield, D. C., & Braun, A. R.（1998）Asymmetry of chimpanzee planum temporale: Humanlike pattern of Wernicke's brain language area homolog. ***Science***, 279, 220-222.

＋Hopkins, W. D., Marino, L., Rilling, J. K., & MacGregor, L. A.（1998）Planum temporale asymmetries in great apes as revealed by magnetic resonance imaging（MRI）. ***NeuroReport***, 9, 2913-2918.

（12）＊Hauser, M. D.（1993）Right hemisphere dominance for the production of facial expression in monkeys. ***Science***, 261, 475-477.

（13）＊Holowka, S. & Petitto, L. A.（2002）Left hemisphere cerebral specialization for babies while babbling. *Science*, 297, 1515.

（14）・私たちの研究についての要約は、以下もご参照ください。また、私たちの研究について、産経新聞（大阪版）２０１１年7月27日記事「大阪はなぜ笑う」にも取り上げられています。

＋川上清文（２０１１）微笑・笑いを通して発達を知る　鳥居修晃ほか（編）『心のかたちの探究』東京大学出版会　83－１０２頁

第４部　まとめ——微笑とコミュニケーション

（１）＋小林洋美・橋彌和秀（２００５）コミュニケーション装置としての目・グルーミングする視線　遠藤利彦（編）『読む目・読まれる目：視線理解の進化と発達の心理学』東京大学出版会　69－91頁

＊Kobayashi, H. & Hashiya, K.（2011）The gaze that grooms: Contribution of social factors to the evolution of primate eye morphology. ***Evolution and Human Behavior***, 32, 157-165.

（２）＊Eible-Eibesfeldt, I.（1975）***Ethology: The biology of behavior***（2nd ed.）. NY: Holt, Rinehart and Winston.

（３）＊Bard, K. M.（2005）Emotions in chimpanzee infants: The value of a comparative developmental approach to understand the evolutionary bases of emotion. In J. Nadel & D. Muir（eds.）, ***Emotional development: Recent research advances***. Oxford: Oxford University Press.　pp.31-60.

（4）＊バロン＝コーエン（１９９７）『自閉症とマインド・ブラインドネス』（長野敬ほか訳）青土社
＊子安増生（２０００）『心の理論』岩波科学ライブラリー
（5）＊牧田清志（１９６６）幼児自閉症とその周辺『児童精神医学とその近接領域』7, 54-73.
（6）＊花熊曉・赤松真理（１９９５）発達障害児のクレーン行動に関する一考察、文献の展望と行動の観察例から『特殊教育学研究』33, 53-61.
（7）＋平田聡（２００９）チンパンジーの協力行動『霊長類研究』25, 55-66.
＋Gómez, J. C.（2004）*Apes, monkeys, children, and the growth of mind.* Cambridge: Harvard University Press.
（8）＊Phillips, W., Gómez, J. C., Baron-Cohen, S., Laá, V., & Rivière, A.（1995）Treating people as objects, agents, or "subjects": How young children with and without autism make requests. *Journal of Child Psychology and Psychiatry*, 36, 1383-1398.
（9）＊Kawakami, K., Kawakami, F., Tomonaga, M., Kishimoto, T., Minami, T., & Takai-Kawakami, K.（2011）Origins of a theory of mind. *Infant Behavior and Development*, 34, 264-269.
（10）＊「子供のクレーン行動、発達の遅れと関係なし」２０１０年6月4日　毎日新聞朝刊
（11）＊小嶋秀夫（１９７９）親子関係の心理（一）『児童心理』33, 938-955.
（12）＊村井実（１９７８）『「善さ」の構造』講談社学術文庫
（13）＊トレヴァーセン、C. ほか著（２００５）『自閉症の子どもたち』（中野茂ほか監訳）ミネルヴァ書

房
(14)＊エリクソン、E. H.（１９７７）『幼児期と社会』Ⅰ（仁科弥生訳）みすず書房
(15)＊USA TODAY WEEKLY INTERNATIONAL EDITION August 21-23, 2009.

人名索引

▷ま行……………………………………

▷や行……………………………………

▷ら行……………………………………

▷わ行……………………………………

事項索引

▷さ行

▷た行……………………………………

▷ま行……………………………………

著者紹介

川上清文（かわかみ・きよぶみ）
聖心女子大学教授，教育学博士（慶應義塾大学）。主著に『心のかたちの探究』（共編著）東京大学出版会など。

高井清子（たかい・きよこ）
日本女子大学教授，博士（医学，昭和大学）。主著に『乳児のストレス緩和仮説』（共著）川島書店など。

川上文人（かわかみ・ふみと）
日本学術振興会特別研究員 PD（東京大学大学院教育学研究科），博士（学術，東京工業大学）。主論文に「自発的微笑の系統発生と個体発生」『人間環境学研究』など。

ヒトはなぜほほえむのか
進化と発達にさぐる微笑の起源

初版第1刷発行　2012年4月17日

著　者　川上清文・高井清子・川上文人
発行者　塩浦　暲
発行所　株式会社　新曜社
101-0051　東京都千代田区神田神保町 2-10
電話（03）3264-4973（代）・FAX（03）3239-2958
e-mail：info@shin-yo-sha.co.jp
URL：http://www.shin-yo-sha.co.jp/
印刷所　エーヴィスシステムズ
製本所　イマヰ製本所

ISBN978-4-7885-1286-3　C1011